KB052699

나의 가련한 지배자

나의 가련한 지배자

엄마와 딸, 엄마 됨에 관한
원망과 이해의 사적인 역사

이현주 지음   쿄난북스

나를 포함, 네 남매를 낳아 키운

엄마 김학순 님께 드립니다

'엄마'라는 상처

스스로 글 쓰는 사람이라고 말하기 쑥스럽다. 그럼에도 만약 내가 죽을 때까지 책을 단 한 권 쓰게 된다면 그건 '엄마와 딸'에 관한 책일 거라고 입버릇처럼 말하고 다녔다. 다들 엄마를 애틋해할 때 나는 그러지 못했기 때문이다. 언제부터인지 엄마를 생각하면 답답함을 먼저 느꼈고 내 삶에 그림자를 드리운 엄마를 원망하고 미워했다. 그런 감정은 죄책감을 불러일으켰다. 마흔이 지나고서야 엄마라는 존재가 상처가 될 수 있다는 걸 겨우 받아들일 수 있었다. 조금 마음이 가벼워졌다.

엄마와 나에 대해, 그 역사에 대해 오래 생각하면서 나와 엄마를 둘러싼 거대한 구조를 어렴풋이 인식하게 되었다. 딸로 태어나 엄마가 되는 여성에게 가해지는 사회적인 압력, 가부장 사회에서 여성들이 겪게 되는 온갖 좌절과 차별,

그 속에서 여성들 스스로 내면화한 불합리한 가치관, 여기에 세대차까지 더해져 우리 모녀 관계를 일그러뜨린 게 아니었을까. 그렇게 이해한다고 해서 감정이 사라지는 건 아니었다.

그러다 우연히 엄마에 대한 원망과 연민 그리고 사랑과 증오라는 공존하기 어려운 감정을 내 또래 여성들이 크든 작든 공통으로 갖고 있다는 사실을 알게 됐다. 2016년 봄부터 여름 사이에 참여한 창비학당 '여성의 글쓰기' 강좌 때였다. 내 글을 써야겠다는 생각에 강좌를 신청한 건 아니었다. 글을 쓰고 싶어 하는 여성들에 관한 책을 만들고 싶어 잠입했을 뿐이었다. 숙제라면 일단 열심히 하고 보는 기질이라 과제를 열심히 했다. 이참에 마음속에 오래 묻어둔 '엄마와 딸'에 관한 글을 써보겠다는 마음도 있었다.

오랫동안 생각해온 이야기였기에 글을 쓰는 게 그리 어렵거나 힘들지는 않았다. 공식적으로 어디 내보일 일도, 엄정한 평가를 받아야 할 일도 없었기에 자기검열도 거의 없는 솔직한 글이었다. 그러나 한 달 남짓 동안 완성한 글은 두 꼭지뿐이었다.

그러던 어느 날이었다. 과정 중간에 포기한 사람들이 빠지고 수강생이 대여섯 명밖에 남지 않아 시간 여유가 생긴 덕에 각자 써 온 글을 돌아가며 낭독하는 시간을 가졌다. 내

차례가 되어 글을 읽는 동안 나도 모르게 감정이 북받쳤다. 훌쩍이며 겨우 글을 다 읽고 고개를 들어 둘러보니 동료 수강생들은 물론이고 선생님까지 눈물바다였다.

공감 능력이 유난히 뛰어난 사람들이었던 걸까. 눈물로 한마음이 된 김에 갖게 된 뒤풀이 자리에서 그 눈물이 단지 타인에 대한 공감 때문은 아니었다는 사실을 확인했다. 공교롭게도 남은 수강생은 모두 40대 여성들이었는데(그들이 글을 쓰고 싶다는 소망이 가장 강하다는 뜻이기도 할 터), 그들 역시 내가 느끼는 감정에 동의했다. 그 자리에서 자기 이야기를 솔직히 털어놓았을 뿐 아니라 친구들 이야기까지 보탰다. 그리고 동시에 죄책감을 고백했다. 나와 함께 운 여성들의 눈물에는 딸로서 느끼는 엄마에 대한 여러 감정이 한데 녹아 있었다. 세상 모든 사람에게 무조건적 사랑과 무한한 관용의 상징인 엄마가 도대체 딸들에게는 무엇이기에.

모든 엄마는 '착한' '딸'을 원한다. '착한 딸'의 '착한'은 윤리적으로 옳은 일을 행한다는 뜻이 아니다. 딸을 수식하는 '착한'은 대개 자기 생각이나 욕구보다 다른 사람의 생각과 욕구를 먼저 헤아릴 줄 알고 그에 맞춰줄 줄 안다는 뜻이다. 특히 엄마에게 '착한 딸'이라는 존재는 엄마 곁에서 엄마를 이해하고 위로하고 힘이 되어주어야 한다. 그래서 '착한' '딸'은 여성들에게 이중의 굴레가 된다.

여자에게 들러붙는 '착하다'는 말은 이런 뜻이다. 자기 의견을 가지지 말 것, 혹시 있더라도 의견을 드러낼 때는 최대한 부드럽고 상냥하게 말할 것, 야심이 작을 것, 혹시 있더라도 되도록 여성들 분야에서 조용하게 성취할 것, 적게 알 것, 알더라도 나서서 이야기하지 말 것, 뭐 그런 것들이다. 딸들은 아주 어릴 때부터 이런 걸 안팎으로 익힌다.

내가 국민학교를 다닌 동안 가장 많이 들은 말은 '잘난 척한다'였다. 나는 수업시간에 선생님이 질문하기에 손을 들고 답하거나, 나한테 내가 알고 있는 사실 혹은 의견을 묻기에 또박또박 대답했을 뿐이었다. 그런데도 같은 반 남자아이들과 선생님들, 여자아이들에게도 '잘난 척한다' '재수 없는 애'라는 말을 들었다.

여중, 여고, 여대를 다니는 동안은 큰 불편을 느끼지 못하다가 사회생활을 시작한 후로 같이 일하는 남성 동료들과 갈등을 빚곤 했다. 동료들과 함께한 술자리에서 남자 선배에게 걷어차인 적도 있다. 그는 내가 자기 의견과 다른 이야기를 하자 입을 다물라며 나를 걷어찼다. 20세기에 말이다. 나는 당시에 상사가(여성 상사였다) 그 자리에서 그 선배에게 내게 사과하라고 하지 않고 침묵한 것에 아직도 의아함과 섭섭함을 느낀다. 술자리여서 모두들 어느 정도는 취해 있었고 술 취한 사람들에게 적용되는 관용 때문이었겠거니 생각해버리고 말았지만, 내내 찜찜했다.

　내 대인관계에 문제가 있나, 내 화법이 너무 직설적인가, 내가 너무 나대나, 나보다 나이 많고 직급도 높은 다른 이들도 다 가만있는데 뭐가 잘났다고 내가 나섰나, 나는 그런 일이 있을 때마다 그런저런 자기검열과 반성을 했다. 그리고 그 선배가 경력도 많고 실력도 좋으니 상사에게 나보다 더 중요했나 하는 비하로까지 이어져 움츠러들었다. 그때가 떠오를 때마다 나는 그저 내 의견을 이야기한 것뿐이었는데 그런 것도 내 마음대로 할 수 없는 건가, 억울한 마음이 솟구쳐 오르곤 했다.

　그랬다. 여자들에겐 늘 나긋나긋할 것, 예쁘게 말할 것, 잘 아는 것도 모르는 척할 것이 요구되었다. 그것이 여성들이 사회와 가정에서 받아들여지는 방식이었다. 현명하고 지혜로운 여성 혹은 여우 같은 여성이라는 이름으로 말이다.

　그렇게 행동하지 않을 때 여성들이 구체적으로 어떤 불이익을 받느냐고 물으면 할 말은 없다. 적어도 누군가와 다른 의견을 냈다고 걸어차이는 일이 날마다 일어나는 건 아니니까. 그리고 승진 기회 박탈 같은 명명백백한 불이익으로 돌아오는 경우도 있지만 대개는 주위를 피곤하게 만든다며 따돌리는 분위기나 싸늘한 느낌 같은 것이 전부이기도 하니까. 여성들은 분위기만으로 자신에 대한 평가가 어떤지 금방 알아채도록 오랜 시간 훈련 받는다. 자신이 사랑받지 못한다는 사실을 눈치 채면 더욱 몸을 움츠리고 시시때때로 반성한다. 불이익이 구체적이지 않기 때문에 역설적이게도 여자들에겐 더 큰 압력이 된다.

'착한 딸'은 이 모든 요구에 '딸' 역할이 추가된다. 엄마들도 그런 압력 속에서 태어나서 자랐지만, 그래서 그것이 왠지 억울하다고 느끼지만 딸들이 그렇게 자라리라 생각한다. 그리고 한 발 더 나아가 '엄마'의 착한 '딸'이 될 것을 기대한다. 세상의 대리자로서, 욕망을 가진 한 여성으로서 엄마는 딸의 가장 가까운 곳에서 더 넓은 세상으로, 더 나은 세상으로 나아가 너는 나와는 다른 삶을 살라고 딸에게 속삭인다. 그러나 그 마음 뒤에는 나와 꼭 닮은 네가, 내 피와 살로 빚은 네가, 내 사랑으로 이만큼 자란 네가 '내 삶'을 대신 살아주기를, '내 욕망'을 대신 실현해주기를 바라는 마음이 숨어 있다.

이른바 '착한' 딸들에게 그 마음은 더 강하게 작용한다. 그래서 딸에게 더 큰 상처를 남긴다. 더 나쁘게는 엄마와 딸, 둘의 관계를 파괴하고 만다. 여성들에게는 크든 작든 이런 상처가 있다고 믿는다. 착함은 딸들의 생존 조건이기 때문이다.

보드랍고 착해야 한다, 그렇지 않으면 사랑받지 못한다는 메시지는 가정 안에서 더 강하게 작동한다. 딸들에게는 애교와 천진난만함으로 집안 분위기를 부드럽게 만드는 역할이 맡겨진다. 엄마와 아빠, 가족 간의 갈등을 중재하고, 가족 구성원의 마음과 상태를 살피고 헤아리고, 그들을 위로하고 어루만져야 한다. 때로는 희생도 해야 한다. 이런 역할이 단지 성별이 여자이기 때문에 더 쉬울 리 없고, 여자이기 때문에 더 잘 맞는 일일 리 없다.

엄마 아빠 눈치를 보고 다른 형제들 사정을 헤아리며 이쪽저쪽에 맞추는 아이가 꼭 나 같아서일까? 어린 여자아이가 주인공인 영화나 소설에서 그 아이들이 가정 안 작은 불화의 낌새에도 안절부절못하는 장면을 볼 때면 속이 상한다. 가장 편안하고 안락하다는 가정이라는 공간이 어떤 여자아이들에게는 가장 큰 상처와 슬픔이 된다. 그래서 딸들은 자라면서 집을 떠날 궁리를 하지만 그렇게 떠나 도착한 곳이 또 다른 집인 경우가 많다.

대개의 엄마들도 이렇게 자란다. 그런 엄마가 그렇게 딸을 키운다. 엄마는 딸들이 자신과 다른 삶을 살길 바라면서 동시에 자신과 같은 삶을 살길 바란다. 모자라고 아쉬운 자신의 삶과 다른 삶이지만, 그렇다고 관습을 벗어난 삶은 불안해하고 세상이 인정하고 장려하는 여자의 삶을 살길 바란다. 그게 안전하다는 걸 엄마들도 알기 때문이다.

엄마가 어릴 때부터 지나치게 나를 통제한 일, 감정 면에서 내가 착취당한다고 느낄 정도로 엄마가 나에게 의존한 일, 연민이라는 감정으로 기꺼이 엄마의 영향력 안에 스스로를 가둔 나를 엄마가 조종한 일, 내가 결혼해서 독립 가정을 이룬 후에도 엄마가 지나치게 개입하고 간섭한 일…, 처음에 나는 이런 일들 때문에 내가 얼마나 힘들고 괴로웠던가를 쓰려고 했다. 마흔이 넘어서야 거기서 벗어나려고 엄마를 미워하고 원망했던 마음을 쓰려고 했다.

그런데 그런 이야기를 쓰는 동안 엄마의 삶이 내 삶과 겹쳐졌다. 미숙하고 어린 양육자였던 엄마의 경험과 두 아이를 키운 엄마로서의 내 경험이 섞였다. 엄마의 한계와 불완전했던 내 양육 과정이 포개지면서 세대 차이나 시대 때문에 달라 보일망정 본질적으로는 같은 여자들의 삶이 희미하게 윤곽을 드러냈다. 엄마 세대 여성들은 누군가의 딸로만, 아내로만, 엄마로만 살 수 있었던 건 아닐까? 그렇게 생각하자 오래 묵혀둔 마음 깊은 곳 원망의 이야기가 이해의 드라마로 변해갔다.

마흔이 넘고서 엄마를 생각하면 늘 마음이 무거웠다. 나와 만나거나 전화 통화를 할 때면 엄마는 늘 '좋은 엄마'가 딸에게 할 법한 이야기만 했다. 나는 늘 엄마 자신의 이야기가 듣고 싶었는데. 그리고 내 이야기를 하고 싶었는데. 엄마

는 자기 자신으로 살아본 적이 없었던 것 아닐까? 그리고 그
것을 이야기로 만드는 언어도 갖고 있지 못했던 게 아닐까?
내 세대에야 비로소 갖게 된 그것을.

표현하지 못한다고 감정이 없는 것이 아니다. 도리어 그
감정은 정체 모를 응어리가 되어 마음에 남는다. 그게 억울
함과 분함이 된다. 엄마는 분하고 억울할 것이다. 나는 엄마
와 나의 이야기를 쓰면서 이것이 엄마가 하고 싶은 이야기이
기도 했으면 좋겠다고 생각했다. 그러나 그럴 수 없다는 걸
안다. 그래서 엄마가 이 책을 읽지 않았으면 한다. 이 책을
읽으면, 엄마는 슬퍼질 것이다. 그럼에도 이 책의 최종 수신
자는 엄마다.

차례

2부　이제는 이해할 수 있을까

1부

엄마의 세계, 엄마라는 세계

"아유, 넌 얼마나 순했는지!"

엄마는 오빠가 얼마나 말썽꾼이었는지 이야기하고 나서 꼭 이렇게 덧붙였다. 걷기 시작할 무렵부터 오빠는 달아나기 대장이어서 주인집에서 마당 문을 열어두었다 하면 사라졌다고 했다. 없어진 아이를 찾느라 경찰서에 미아 신고를 한 게 몇 번인지 헤아릴 수도 없다고 했다. 이웃들까지 동원해 아이를 찾아 헤매다 날이 저물고 아이를 잃어버린 게 틀림없다고 눈물이 터질 즈음, 이사 온 지 얼마 안 되어 일면식도 없었던 윗집에서 오빠가 불쑥 튀어나왔다는 이야기는 거짓말 보태서 수백 번쯤 들었다.

오빠가 그렇게 속을 썩일 때 돌이 못 된 나는 그렇게 천사 같았단다.

"백일 전에는 너도 무척 울었지. 근데, 백일이 지나니까 거짓말같이 순해졌어."

나를 재워놓고 마당에서 빨래를 하다 우리 방을 보면 어느 새 잠에서 깬 내가 턱이 높은 문지방 너머로 눈만 빼꼼 내밀고 엄마를 바라보고 있었다고 했다. 자기 일어났노라고, 한번 좀 봐달라고. 울지도 않고 말이다. 예방주사를 맞으러 가서도 아얏 소리 한번 안 내는 기특한 아기였다고 했다. 워낙 순한 아이라 2년 터울로 동생이 태어난 후에는 늘 차례에서 밀렸다. 새 옷도 나보다 동생 것을 더 많이 샀다. 체격이 비슷해서 옷을 같이 입었는데 동생의 옷 투정이 더 심했기 때문이다.

말썽꾸러기로 내놓은 오빠, 멋 부리기 좋아한 동생, 나와 10년 터울이라 경쟁 구도에서 완전히 벗어나 있던 막내, 이 개성 강한 네 남매의 틈바구니에서 내 본능은 어쩌면 생존 전략으로 '착함'을 택했는지 모르겠다. 착한 아이, 말 잘 듣는 아이, 엄마를 가장 위해 주는 아이, 이런 말들이 내가 존재해도 좋다는 허락인 셈이었다. 그런데 이제 와 뒤늦게 생각한다. 정말 나는 착한 아이였을까?

이상하게 잊히지 않는 어린 시절 한 장면이 있다. 국민학교 1, 2학년 때였을 게다. 1년에 한 번씩 이사를 다녀서 어딘지는 기억나지 않지만 집 장사가 지은 비슷비슷한 집들 중에 하나였다. 단칸방 창문이 길가에 면해 있어서 길을 지나는 사람들이 방 안을 훤히 들여다볼 수 있는 괴상한 집이었다. 햇빛이 환한 낮에는 낮대로, 방에 전등을 켠 밤엔 또 밤대로 늘 커튼을 쳐야 했다.

내가 기억하는 그때는 낮이다. 방 안은 햇빛을 머금은 주황색 커튼 때문에 연한 귤색으로 물들어 있었다. 방 한쪽에서는 엄마가 이불을 머리끝까지 뒤집어쓰고 앓는 소리를 내고 있었다. 막내는 태어나기 전이었고 활달한 오빠와 동생은 어딜 갔는지 나 혼자 엄마 곁에 있었다.

무료한 오후였다. 혼자 뒹굴거리기도 지쳐서였는지 연필을 깎겠다고 커터 칼을 꺼냈다. 아직 손이 서툰 아이가 무슨 연필을 깎을 수 있었을까? 그냥 장난이나 치려는 생각이었을 게다. 어린아이에게 칼이나 가위는 위험한 만큼 매혹적인 물건이니까.

한 손엔 연필, 한 손엔 칼을 들고 설치다 그만 오른쪽 가운데 손가락을 베고 말았다. 꽤 깊게 베였는지 피가 울컥 쏟아졌다. 아픈 엄마를 깨워서는 안 된다는 생각에 나는 작은 소리 한번 내지 않고 피가 후드득 떨어지는 손가락을 다른 손으로 꽉 움켜쥐었다. 서둘러 두루마리 휴지를 찾아 피가 나는 부위에 감았다. 한 겹, 두 겹, 아무리 감아도 붉은 피는 계속 배어나왔다. 무서웠다. 그런데도 엄마에게 혼날까 봐 울지도 않았다. 아픈 엄마가 나중에라도 알면 속상할까 봐 다쳤다는 말도 하지 않았다.

그 장면이 떠오를 때마다 둔한 아픔 같은 걸 느낀다. 울지도 못하고 소리 내지도 못한 채 아무리 휴지를 감아도 계속 배어 나오는 붉은 피를 보며 슬픔과 두려움을 느끼던 아이가 아직도 내 마음 어딘가에 있는 것 같아서.

"아플 거야. 그래도 혼자 견뎌야 해."

"말썽을 부리면 아무도 너를 사랑해주지 않아."

행복하다가도, 깔깔 웃다가도 그 아이가 마음속에 살그머니 찾아오면, 내가 제일 아플 때 내 곁엔 아무도 없었지, 그 고통을 나 혼자서 겪어야 했어, 느닷없는 슬픔과 쓸쓸함이 밀려든다. 이 장면이 과도한 자기 연민이 만든 환상 같은 게 아닐까 생각해보기도 했지만 아직도 손가락에 남아 있는 상처가 그것이 실제 있었던 일임을 번번이 일깨운다.

내 안의 그 아이를 입 밖으로 발설한 것은 스물다섯이 넘어서였다. 엄마나 가족에게가 아니라 이제 막 친해진 친구들에게였다. 그 아이의 존재를 인정하고 나서야 나는 혼자 겪어야 했던 그 시간이 어쩌면 나를 키웠다는 것, 겉으로 보이거나 스스로 의식하고 있는 나 사이로 듬성듬성 비어 있는 그 시간들이 진짜 나일지도 모르겠다는 생각을 하게 됐다.

그러니까 나는 착한 아이가 아니었던 거다.

김연수의 소설 『네가 누구든 얼마나 외롭든』을 읽다가 "소설가는 우리 인간이 백팔십 번 웃은 뒤에야 겨우 한 번 울 수 있게 만들어진 동물이라는 사실에 대해 써야만 한다"라는 대목에 오래 눈길에 머물렀다. 그러고는 내 마음대로 생각해버렸다. '아냐, 그 한 번의 울음이 백팔십 번의 웃음을 만들어내는 거야.' '백팔십 번 웃기 위해 우리에겐 한 번의 눈물이 필요한 거야.' 즐겁고 따뜻하고 웃기고 행복한 시간 사이사이, 혼자 고통스러운 시간을 견딜 때면 나는 인생의 비밀을 엿본 듯한 기분이 들곤 한다.

고통이나 슬픔이 달가울 사람이 어디 있을까. 그럼에도 고통이나 슬픔이 없는 인간의 삶은 상상할 수 없다. 예전에 읽은 책에 이런 말이 나온다. 세상의 무질서는 결국 우주의 고요함, 균형과 맞닿아 있다고. 고통이 그 예라고. 병 가운데는 고통을 느낄 수 없는 유전적 무능력 증상이 있단다. 이런 병을 가지고 태어난 아이들은 아주 어렸을 때 죽는다. 아픔을 느끼지 못하기 때문에 상처를 입었다는 사실을 모르고, 그런 상처에 병균이 침입하는 것을 모른 채 그냥 두기 때문이다. 뜨거운 난로에 데고서도 아픔을 느끼지 못하는 아이들은 몇 시간 동안이나 자세를 바꾸지 않아 팔이나 다리가 괴사해버리기도 한다. 그토록 혐오스럽고 그토록 터무니없고 그토록 받아들이기 어려운 고통조차 실은 우주 체계의 일부이며, 그런 것들이 결국 우리를 살아 있게 도와준다.

그러나 이 모든 것은 혼자서만 겪어야 하는 일이다. 겉으로 착한 아이이기 위해 내 삶에는 혼자만 겪은 고통의 시간이 알알이 박혀 있을 것이다. 여전히 울고 있는 자기 안의 아이를 만나야 했던 시간들 말이다. 이 시간들을 견딜 수 없다면 살아갈 수 없다. 살아갈 수 없어서 결국 자기를 파괴하거나 타인을 파괴하게 될 것이다.

우리에게 누군가가 필요한 순간은 바로 이런 때다. 그러나 예상과 달리 이런 순간 우리에게 필요한 사람은 가장 사랑하는 사람, 가장 가까운 사람이 아니다. 우연히 기차에 나란히 앉은 난생처음 본 타인, 병원 대기실에서 순번 대기표를 들고 나란히 앉게 된 어떤 사람, 아니면 이름을 숨기고 사연을 적어 엽서를 보낸 라디오 DJ, 우리는 이런 이들에게 하기 힘든 이야기, 나만의 고통에 대해 털어놓는다. 함께한 시간이 없어서 추억도 이해도 없는, 나라고 정의된 사람에 대해 아무것도 모르는 사람에게 어쩌면 진짜 나일지도 모르는 내 모습을 보여준다. 그러고 나서야 자기 안의 고통이 내 앞에 어떤 실체로, 객관적인 사실로 떠오르는 걸 인식한다. 그러면 그토록 무거웠던 고통이 신기하게도 비로소 조금 가벼워진다.

영화를 보거나 소설을 읽을 때 나는 늘 궁금했다. 왜 자신을 가장 힘들게 하는 것을 가장 가까운 사람에게, 가장 사랑하는 사람에게는 결코 말하지 않는가. 이제 조금은 알 것 같다. 나는 아마 내 마음속 아이에 대해 엄마에게 영원히 말하지 못할 것이다.

엄마가
소녀였을 때

그리고 나는 다시 어머니 다리 사이에서 태어나 계속해서, 여러 가지 방법으로 어머니에게 되돌아가고, 어머니를 다시 소유하고, 어머니에게 다시 소유되는 여성으로서 이 부분을 시작한다. 또 딸들과 어머니들이 똑같이 갈망하면서도 동시에 도망치려고 하고, 서로에게 가능한 것으로 만들기도 하고 동시에 불가능한 것으로 만들기도 하는, 다른 여성으로부터의 상호 확신, 그리고 다른 여성과의 상호확신을 찾고자 노력하는 한 여성으로서 이 부분을 시작한다.

에이드리언 리치, 『더 이상 어머니는 없다』, 김인성 옮김, 평민사, 2018, 245쪽 엄마를 생각하면 떠오르는 한 소녀가 있다. 역사와 마찬가지로 한 사람의 과거 역시 '만약'이라는 가정이 불가능하겠지만, 만약 그 소녀의 상황이 달랐더라면 엄마의 삶도 그리고 지금 나와 엄마의 관계도 조금은 달라지지 않았을까, 그런 생각을 하면서 말이다.

언덕배기에 앉아 지는 해를 바라보며 속절없이 눈물 짓는 소녀. 소녀는 하루 종일 집 안을 종종거리며 부모님 눈치를 살폈다. 이따금 안방을 들락거리며 돈이 든 항아리를 열어보고 또 열어봤다. 거기엔 자신의 중학교 입학금을 내고 남을 만큼 돈이 들어 있었고, 그날은 중학교 입학 등록 마지막 날이었다. 여자아이들의 상급 학교 진학률이 형편없었던 1960년대 초반이었다.

게다가 전라도 깡촌이었고 칠남매 중 다섯째 딸이었다. 국민학교를 마친 게 기적이었다. 그것도 순전히 본인 의지였다. 학교 가는 걸 들키면 아버지에게 매를 맞거나 들일로 내몰려야 했기에 책보를 미리 싸서 새벽에 담장 너머로 던져 놓고 일하러 나가는 것처럼 나오다가 집어 들고 학교로 줄행랑을 놓거나 치마 속에 책보를 꽁꽁 싸맨 채 시침을 뚝 떼고 문을 나서야 했다.

야무지고 지기 싫어했던 다섯째 딸은 그렇게 국민학교를 다니다 말다 하며 원래 졸업했어야 할 나이를 훨씬 넘겨 겨우 마쳤다. 어느 정도는 부모의 관심 밖에 방치된 다섯째 딸이었기 때문에 그나마 가능했는지 모른다. 위의 언니들은 가족들이 갈등을 겪는 것이 두렵고 아버지가 싫어하는 일을 해서 공연히 아버지가 엄마를 괴롭힐 빌미를 줄까 봐 학교는 아예 엄두를 못 냈다. 나이가 많은 딸들은 엄마가 아버지에게 톡하면 두들겨 맞는 것을 더 오래 지켜봤다. 아버지가 휘두른 곡괭이에 머리를 맞은 엄마가 깊은 상처를 입고 죽음의 문턱에서 돌아온 일도 알고 있었다.

다니다 말다 했지만 그 덕에 엄마는 한글을 읽을 줄 알았고 숫자도 헤아릴 수 있었다. 다른 자매들은 평생 숫자와 한글을 익히지 못해 서울 가는 차 시간이 언제인지, 요금이 얼마인지 알 수 없었다. 시골에 남은 이모들은 도시로 떠난 자식들에게 전화조차 걸 수 없었다. 가끔 이모들이 엄마에게 "넌 배워서 좋겠다" 하는 걸 들었다. 그럴 때마다 엄마는 쓴웃음을 지으며 사투리가 밴 말투로 대꾸하곤 했다.

"그래, 수더게(숱하게) 배웠네."

이런 상황에서 엄마가 입학시험의 기회를 어떻게 얻었는지 모르겠다. 학교 선생님이 권했거나 시험 보러 가는 아이들 무리에 우연히 낀 것이려나. 들은 바로는 그때 여자중학교 입학시험에 합격한 학생은 읍내에 단 두 명이었다고 한다. 정작 딸을 중학교에 간절히 보내고 싶어 했던 동네 부잣집은 딸이 불합격했다는 소식에 집안 전체가 초상집이 되었다고도 한다. 학교를 제대로 마치고 부모, 가족들의 격려를 받으며 시험을 볼 수 있는 여자애들의 숫자는 적었다. 합격생 수는 더 적었고, 등록할 수 있는 형편인 아이들은 그보다 더 적었다.

엄마 역시 시험은 어찌어찌 볼 수 있었겠지만 합격 사실을 자랑스럽게 알릴 수 없었을지도 모른다. 합격해도 돈 때문에 혹은 여자이기 때문에 등록을 포기하는 경우가 더 많으니 여자중학교는 그런 사정을 감안해 등록 기간을 몇 번이나 늘려주었다. 그날이 그 마지막 기회였다. 봄이 오기 직전의 평야는 을씨년스러웠다. 잎을 다 떨궈 앙상한 가지만 남은 나무들이 듬성듬성한 집 뒤 언덕에 앉아 넘어가는 해를 보면서 하염없이 울던 소녀는 무슨 생각을 했을까?

아이는 태어나 부모의 사랑과 보호 안에서 자라면서 점차 독립된 개인으로 커간다. 소녀는 사범학교에 가서 학교 선생님이 되고 싶었다. 당시에는 고등사범학교라는 고등학교 과정 정도의 학교를 마치면 국민학교 선생님이 될 수 있었다고 한다. 그 꿈은 소녀였던 엄마가 품을 수 있는 가장 큰 꿈이었다.

내가 국민학생이었을 때는 새 학년에 올라갈 때마다 가정환경조사서를 써서 학교에 냈다. 집에 TV가 있는지, 세탁기가 있는지 등을 적어냈고, 거기엔 엄마 아빠의 직업과 학력을 적는 난도 있었다. 필체가 좋은 엄마는 한 칸 한 칸 시원시원하게 적어나가다가 부모의 학력을 쓰는 난에 이르면 볼펜을 허공에 들고 오래 망설였다. 어느 해에는 국졸이라고 적었다가 다른 해에는 중졸이라고, 어떤 때는 고교 중퇴라고 적었다. 내가 국민학교 6년을 다니는 동안 일곱 번 전학 다녔기 때문에 가능한 일이었다.

그게 창피함 때문이었는지, 수치심 때문이었는지 알 수 없다. 한 가지 확실한 건 그게 무엇이든 엄마 잘못은 아니라는 사실이다. 젊은 여성 작가들의 자전적인 글에서 자기 엄마가 읽은 책을 같이 읽었다거나 자신이 감동받은 책을 엄마에게 권해 함께 읽고 이야기를 나눴다는 일화가 대수롭지 않은 일이라는 듯 나오면, 나는 질투 섞인 아쉬움을 느끼곤 한다.

외국어를 모르는 할머니들이 외국어를 들으면 자연히 한국말과 비슷하게 듣고 익힌다. 엄마도 그랬다. 내가 중학생이었을 때 엄마가 매일 쓰던 가계부를 본 적이 있다. 콩나물한 봉, 두부 한 모, 파 한 단 같은 지출 항목 가운데 '불화자'라는 걸 보고 이게 뭐지 갸우뚱했다. 영어를 배우고 얼마 지나지 않아 그게 '브래지어'의 엄마 식 표기라는 걸 알았을때, 나는 약간 부끄러움을 느꼈던 것 같다. 사춘기 소녀였으니 당연했다.

엄마가 그때 항아리 속 돈을 훔쳐 학교에 등록했더라면어떤 일이 벌어졌을까? 엄마 인생은 어떻게 달라졌을까? 어쩌면 나도 존재하지 않게 되었을까? 그러나 잘 안다. 만약그런 일이 진짜 일어났다면 엄마는 외할아버지에게 흠씬 두들겨 맞았을 것이다. 딸년 단속을 제대로 하지 못했다고 외할머니 역시 뭇매를 맞았을 것이다. 엄마는 결국 학교도 다니지 못했을 테고.

내가 대학을 다닐 수 있었던 것은 내가 특별히 잘나거나남달리 의지가 강해서가 아니었다. 그저 여러 우연이 겹쳐서였다. 우리나라가 경제 성장 가도를 달리던 1970년에 태어났고, 대학에 합격할 정도로는 성적이 나왔고, 공무원이었던 아버지 덕분에 스스로 학비를 벌지 않아도 좋은 조건으로 학자금 융자를 받을 수 있었기 때문이었다. 엄마가 학업을 접을 수밖에 없었던 것이 엄마의 의지와 상관없었던 것과 마찬가지다.

교육 받을 기회가 없다는 건 다른 삶, 다른 세계를 상상할 여지가 없다는 뜻이었다. 더욱이 그때는 지금처럼 대중매체가 발달하지 않아 매체를 통해 다른 삶을 구경할 기회도 적었다. 독서나 정보로 경험을 확장하는 일도 일어나기 어려웠다. 그러니 엄마나 엄마 형제들에게는 '아버지'라는 폭군이 지배하는 가족이라는 세계, 소문과 평판이 치명적인 작은 동네가 세상의 전부였다. 엄마를 가르친 건 가까이서 볼 수 있는 동네 여성들 그리고 엄마의 엄마뿐이었다.

엄마는 자신이 어렸을 때 외할머니에게 섭섭했던 일을 자식들에게 종종 이야기했다. '넌 이런 거 이런 거는 못해'라는 식으로 엄마의 한계를 자의적으로 정해두고 좀처럼 기회를 주지 않았다는 것이다. 엄마는 재봉 기술을 익히면 도시 공장에 취직할 수 있다는 이야기를 듣고 재봉 기술을 배우게 해달라고 했지만 그마저도 이루지 못했다.

엄마와 엄마 또래의 동네 아가씨들은 아이를 낳을 수 있는 나이가 되면 결혼을 해서 아이를 낳고 그렇게 엄마로 살아가는 삶 외에 다른 선택이 없었다. 집안의 학대를 피해 혹은 꿈을 찾아 도시로 도망친 또래 아가씨들에 대한 확인할 길 없는 흉흉한 소문이 동네를 떠돌았다. 어른들은 딸들에게 세상이 얼마나 무서운지 겁을 주었다.

다른 여자애들과 마찬가지로 엄마는 외할머니에게서 한 남자의 배우자, 여러 아이의 엄마가 될 수 있는 집안 살림의 기술을 배웠다. 추수가 끝나면 1년 먹을 쌀부터 쟁여두고 나머지를 돈으로 바꿔 중요한 순서대로 쓰는 법을, 들판에 자라는 숱한 풀들 중에 먹을 수 있는 나물의 종류를 익히고 요리하는 법을 배웠다. 구멍 난 양말을 꿰매고 간단한 옷을 짓는 바느질도 할 줄 알게 되었다. 외갓집은 그나마 밥은 먹고 사는 집이었으니 엄마는 조신하게 살림을 배우며 결혼 준비나 할 수 있었고, 그런 면에서는 다른 여자애들보다 행복한 편이었는지도 모른다.

소녀 시절의 엄마에게 세상이 어떻게 보였을지 지금의 나는 상상할 수 없다. 내가 상상하는 것보다는 훨씬 덜 비극적이었을지도 모른다. 엄마나 엄마 또래 여자들에게도 색색의 꿈이 있었을 테고, 그걸 가로막은 모든 한계를 뛰어넘으려는 의지도 누군가에게는 분명히 있었을 테니까. 물론 그러지 못한 여자들이 훨씬 많았을 것이다. 그럼에도 엄마의 세계는 외할머니의 세계보다는 조금 넓었으리라.

딸들의 세계는 엄마가 갖고 있었던 세계만큼의 크기에 시대 변화와 간접 경험으로 자각하게 된 새로운 가능성이 보태진, 조금 더 큰 원이 겹쳐진 세계가 된다. 나도 마찬가지였다. 그것이 내가 그릴 수 있고 나아갈 수 있는 세계의 크기이자 경계였다. 이 세계는 새로 생긴 여분의 면적보다 엄마의 세계와 포개진 교집합의 면적이 언제나 훨씬 크다. 그래서 우리 세대가 넓힌 세계와 엄마가 물려준 세계는 종종 모순을 일으켰다.

그 모순은 도약이 필요한 순간마다 제약이 되었다. 나는 엄마가 기대했던 딸로 살지 못해 엄마를 실망시킨 일에 미안해했다. 그렇지만 나는 내가 살고 싶었던 나로도 살지 못했다. 그런 생각이 들 때마다 외갓집에 있었다던, 엄마 중학교 입학금을 하고도 남을 돈이 들어 있었다던 돈 항아리와 그걸 꺼내놓고 몇 번이나 망설였을 어린 엄마를 생각한다. 그 엄마 위로, 겹겹이 포개진 러시아 마트료시카 인형처럼 엄마의 엄마와 나와 우리 딸들이 포개져 있는 환상을 보곤 한다.

결혼,
다른 사람이 될 기회

"글쎄, 내 말이 그 말이야. 그러니까 말이야, 친구도 나이 마흔에 이리저리 헤매지 말고 서울서 그대로 기초를 잡으란 말이야."
"나는 싫어. 내 과거와 현재와 미래를 다 알고 있는 조선이 싫어. 조선 사람이 싫어."
"흥, 그거는 모르는 말일세. 친구가 조선을 떠난다면 그 과거 현재 미래가 아니 따라갈 줄 아나."
"글쎄, 과거야 어디까지나 쫓아다니겠지마는 현재와 미래만은 환경으로 변할 수가 있을 터이니까."

나혜석, '신생활에 들면서', 『나혜석, 글 쓰는 여자의 탄생』, 장영은 엮음, 민음사, 2018, 205쪽 엄마는 왜 하필 아빠 같은 사람이랑 결혼했을까? 어릴 때는 그런 생각을 많이 했다. 어떻게 만났는지, 어떻게 결혼에 이르렀는지 자세한 사정은 모른다. 드문드문 들은 이야기로는 엄마 아빠는 논두렁을 사이에 두고 전라남북도로 나뉘는 이웃 마을에 살았다. 동네를 오다 가다 서로를 보았을 것이다. 엄마는 미인인 편인 데다 외가는 부자는 아니었어도 굶지는 않는 형편이었으니 아빠에게 엄마는 동경의 대상이었을지 모른다.

아빠는 머리가 좀 좋은 거 말고는 형편없이 가난한 집에 위로 달랑 누나 하나를 둔 외아들이었다. 열 명에 가까운 남매들이 있었지만 어릴 때 다 죽고 둘만 남았다고 했다. 아빠 바로 위 형은 꽤 나이가 들어 병으로 죽었는데, 형이 죽고 나서 한동안 아빠는 밤마다 형이 찾아와 왜 자기 자리에 누워 있느냐고 발로 걷어차는 꿈을 꾸었다고 했다. 겨우 하나 남은 아들이 밤마다 비명을 지르며 깨자 그 아들마저 잃을까 걱정한 할아버지 할머니는 아빠를 동네 무당에게 아들로 팔 았고, 그 덕인지 아빠는 무사히 건강한 성인이 되었다.

위로 하나 있었다는 고모는 부모에게 보살핌을 받지 못하 고 제대로 된 결혼도 하지 못한 채 객지를 떠돌다 돌아가셨 다는 풍문으로만 남았다. 그런 고모를 생각하면 아무리 가 난했어도 아빠가 '아들'이기 때문에 받은 특별대우에 대해 생각하지 않을 수 없다. 나에게 친가와 외가는 너무 멀리 있 었기에 할머니나 할아버지 모두와 별다른 정서적 교감을 갖 지 못했다. 그래도 여자로 어른이 되고 엄마가 된 후에 열 명 가까운 자녀를 잃은 친할머니를 생각하면 그분의 삶은 무엇 이었을까, 그런 생각을 하게 된다. 그 세대의 양육관이 오늘 날과 좀 달랐으니 지금 내가 그 마음을 짐작하기는 어려울 거라 생각하면서도.

아빠는 국민학교부터 중학교까지 학교 등록금을 내지 못 해 동급생들 앞에서 번번이 망신을 당하고 교사에게 모욕적 인 구타를 당했다고 했다. 해양고등학교에 간 것은 학자금 을 면제해주고 기숙사에 개인 용돈까지 준다는 조건 때문이 었다. 해양고등학교를 졸업한 사람들은 대부분 해양대학교 에 진학했다. 아빠는 대학교 갈 형편도 아니었고 한 번 나가 면 한 달 이상 먼 바다를 떠돌아야 하는 배 타는 일은 하고 싶지 않아서 해양대학교에 진학하는 대신 고등학교를 졸업한 해에 국가공무원 시험을 치러 합격했다.

해양고등학교를 다닌 덕분에 아빠는 수영을 잘했다. 전설에 따르면 해양고등학교에서는 배를 타고 바다 한가운데 나가 학생들을 바다에 밀어 떨어뜨리고 배까지 다시 헤엄쳐 오는 훈련을 했다고 한다(물론 확인 안 된 전설). 아빠는 수영뿐 아니라 거의 모든 운동에 능해 마흔 넘어 배운 테니스도 웬만한 사람보다 잘 쳤다. 그런 아빠와 엄마가 연애 비슷한 걸 했다면 좁아터진 시골 동네에 금세 소문이 났을 터다.

그 고향 마을과 바닷가 학교가 세상 전부인 줄 알던 아빠는 엄마보다 조건이 나은 여자와 결혼을 할 수 없을 거라고 생각했을 테고, 이왕 소문이 났다면 그 김에 결혼으로 책임을 졌으리라 짐작한다. 아빠에게 연애 이야기를 들을 기회는 없었고 간간이 엄마가 흘리는 이야기로 두 사람의 연애사를 짐작할 뿐이지만, 말하는 뉘앙스나 분위기로 봐서는 아빠가 더 적극적이었던 듯하다.

엄마 스스로 '내가 더 적극적이었다'고 말하기 어려운 시대 분위기 때문이기도 하겠지만 엄마가 아빠를 좋아했다거나 마음에 두었다기보다 아빠의 적극적인 대시에 마지못해 한 선택으로 느껴졌다. 당시의 엄마는 꽤 인기가 있는 사람이었다. 달리 마음을 둔 사람도 있었다는 말을 들었다. 아빠와의 결혼에는 어쩔 수 없는 다른 이유가 있었을지도 모르겠다. 하지만 엄마에게도 나쁜 선택은 아니지 않았을까?

주변 친구들, 언니들이 대개 동네나 이웃 마을에 살던 농사짓는 남자에게 시집을 갔으니 사무실에서 일하며 월급을 받는 남자에게 시집을 간다고 친구들에게 부러움을 받기도 했다. 게다가 아빠는 키가 큰 편이라 보기에 번듯했다. 꼭 원해서 하는 결혼이라기보다는 어쩔 수 없이 하는 결혼이라 기쁘고 설레는 마음은 없었어도 어차피 할 거라면 나쁘지는 않다 정도는 되었을 것이다.

엄마는 결혼할 때 외할머니한테 구박받은 일을 아직도 서럽게 기억한다. 엄마의 7남매 중에 아들은 둘이었다. 그중 외할머니에겐 큰아들, 엄마에게는 바로 위 오빠인 외삼촌은 외할머니의 자랑이자 사랑이었다. 외모도 근사하고 고등학교를 졸업하고 든든한 회사에 취직했다. 외할머니는 그런 삼촌이 장가를 가기도 전에 그 앞에 결혼을 한다고 엄마에게 눈치와 구박을 동시에 주었다. 당연히 결혼 준비도 소홀했다. 대단찮은 혼수였지만 엄마는 준비하는 내내 눈칫밥을 먹었다. 외할머니가 돌아가신 지 한참 지난 지금까지도 엄마는 그때 이야기를 꺼내곤 한다.

엄마 마음 깊은 곳에는 좁아터진 고향 마을을 벗어나고 싶다는 갈망, 아무도 자신을 알지 못하는 곳에서 완전히 다른 사람으로 살고 싶다는 마음 같은 게 있지 않았을까. 엄마

나이 스물을 갓 넘긴 때였다. 그게 엄마의 소망이었는지는 알 길이 없다. 다만 결혼한 후 고향을 떠났으니 적어도 과거에서 놓여나 현재와 미래를 바꿀 환경은 마련한 셈이다.

그러나 엄마는 결혼 1년 후 첫 아이를 낳았고 그 후 몇 년간 두 살 터울로 아이 둘을 더 낳았다. 아이를 낳고 키우면서도 1년에 한 번씩 이사를 다니느라 매년 짐을 싸고 풀었다. 새로운 환경에 적응하면서 배타적이고 적대적인 환경도 견뎌야 했다. 종종 아빠와 바람피운 여자들 머리채도 잡으러 다녀야 했다(정작 머리채를 잡혀야 할 사람은 아빠였지만).

아무것도 없이 시작한 살림이었기에 거주지를 제공하고 각종 공과금 혜택이 있는 관사 입주는 저축을 하면서 미래를 도모하기 좋은 조건이었다. 백도 없고 줄도 없는데 고분고분하지도 않았던 아빠는 남들이 기피하는 변방 근무지로만, 그것도 거의 1년에 한 번씩 떠돌았고 엄마는 그런 아빠의 근무지를 부지런히 따라다녔다.

그때 아빠 나이가 스물서넛, 가난하고 내세울 것 없는 부모의 그늘에서 벗어나 경제력을 갖춘 젊은 남자라는 자신감이 생기기 시작했다. 아빠의 그런 자신감은 엄마에게는 재앙일 수밖에 없었다. 아빠는 고향에서 데려온 엄마가 별로 달갑지 않은 자신의 과거를 자꾸 떠올리게 하는 것이 싫었다. 무엇보다 고향 여자와는 다른 도시 여자들에게 현혹됐다. 그런 아빠에게 아빠가 일하는 관공서 반경 몇 십 미터 안에 있는 관사와 그 안에 사는 엄마와 우리들은 족쇄나 마찬가지였다. 아빠는 새 발령지마다 따라다니는 엄마와 우리들을 구박하며 '가장의 책임'을 저주했다.

엄마는 우리가 좀 큰 다음에 이야기해주곤 했다. 우리들을 업고 걸려 아빠와 바람난 여자들을 응징하러 갔던 일이며, 아빠를 더 좋은 자리로 옮겨주겠다고 꼬셔 돈을 뜯어간 사기꾼 집에 쳐들어가 며칠 밤낮 안방 차지를 하고 있었던 일들, 그리고 사기꾼 집에 쳐들어간 드센 엄마를 창피해하며 자기를 망신시킨다며 때린 아빠에 대해서도. 엄마의 서운함은 아빠와 사는 동안 자신이 아빠로부터 어떤 존중도 사랑도 받지 못했다는 데 있었다.

그런 이야기를 들을 때마다 엄마가 아빠를 따라다니지 않고 어딘가 정착해서 자기만의 살길을 도모했더라면 어땠을까 같은 생각을 했다. 엄마는 손이 야무진 편이었으니까 어딘가에서 일을 시작했더라면, 그 방면으로 경력을 쌓고 더 다양한 사람들을 만나고 사회경험을 했더라면, 엄마의 삶도 자식들과의 관계도 좀 달라지지 않았을까, 그렇게 말이다.

그러나 내가 엄마가 되고서는 엄마에겐 엄마가 살아온 길이 최선이었겠다고 수긍하게 되었다. 엄마와 떨어져 생활했더라면 아빠는 그나마 쥐어준 월급봉투마저 모르쇠 했을지 모른다. 온라인뱅킹도 없던 시절이었으니 현찰이 든 월급봉투를 전달할 방법도 마땅치 않았을 테다. 설사 엄마가 취업을 하려 했어도 마땅한 곳이 있었을 리 없다. 있다 한들 줄줄이 딸린 어린 아이들은 누구에게 맡기고 일을 한단 말인가. 엄마뿐 아니라 그 시대 여자들에게는 그나마 남편이 보호막이었고 최소한의 생계 수단이었으며 가정은 자신의 존재를 인정받을 수 있는 유일한 곳이었다.

엄마가 엄마나 아내로, 며느리나 딸로 주어진 역할 말고 그냥 엄마 자신으로 되고 싶었던 것, 될 수도 있었던 것들을 공상해본다. 엄마에게도 틀림없이 그런 것들이 있었을 테다. 고등사범학교를 졸업하고 학교 선생님이 되었을 자신, 의상 디자이너나 한복 장인이 되었을 자신의 모습을 엄마는 그려본 적이 있을까? 물론 막상 그렇게 되려 했다면 엄마는 다른 종류의 어려움을 겪고 그렇게 살지 않았을 삶을 동경했을지 모른다.

어떤 것이 더 쉬울지 또 어떤 것이 더 나을지는 아무도 모른다. 어떤 게 낫고 쉬운지 가늠할 수 있는 기준도 없다. 게다가 어떤 한 선택을 바꾼다는 것은 그 선택에 연결된 다른 조건들이 모두 바뀐다는 뜻이다. 우리 삶에서 두 가지를 동시에 경험할 방법은 없으며 다른 조건은 그대로 둔 채 하나만 바꿀 수 있는 선택지도 없다.

그럼에도 엄마에게는 다른 삶의 기회도, 선택도 애초에 없었다. 나는 그런 기회와 선택의 박탈 혹은 결여가 엄마 세대의 모든 여성에게 일반적이었다는 걸 안다. 아주 어릴 때부터 집안의 잔일을 돕는 일꾼으로, 다른 사람 처지를 위해 곧잘 자신을 양보해야 했던 딸로, 자신이 바라고 하고 싶은 것보다 가족이라는 타인의 욕구에 따라 시간과 자원을 배분해야 했다. 그리고 그런 엄마 세대의 여성들에게서 우리 세대는 얼마나 더 나아갔을까.

엄마로부터
달아나기

"나에게는 결코 어머니가 없었다"는 에밀리 디킨슨의 유명한 말은 여러 가지로 해석되어왔다. 그렇지만 분명히 그녀는 자신이 어머니가 살았던 인생과는 다르게 동떨어져 있다는 것, 그녀에게 가장 중요한 것을 어머니는 이해할 수 없었다는 것을 부분적으로 의미했다.

에이드리언 리치, 『더 이상 어머니는 없다』, 김인성 옮김, 평민사, 2018, 299쪽 엄마는 우리들이 학교에 다닐 때 '공부는 너희 좋으라고 하는 거지, 나 좋으라고 하는 것 아니다'라는 태도로 일관했다. 그런 만큼 성적이 좋다고, 상을 받았다고 특별히 칭찬을 받은 기억도 없다. 고등학교 때까지 "공부해라" 소리보다 "빨리 자라"라는 소리를 더 많이 들었다(물론 공부하느라 늦게 잔 건 아니다). 그래서 엄마가 조금이라도 더 우리 학교생활에 관심을 가져주면 좋겠다고 생각하기도 했다. 결과적으로는 엄마의 그런 태도는 내게 이로웠다. 일단 학교에 가면 거긴 엄마와 가족, 집의 그림자가 없었다.

사람들이 오해하는 것 가운데 하나가 부모와 자녀의 친밀함이다. 『엄마 됨을 후회함』의 저자 오나 도나스의 말처럼 사실 둘은 서로 잘 모르기 때문에 결속할 수 있다. 부모는 자신이 아이들을 잘 안다고 생각하지만 잘 모른다. 아이들은 부모에 대해 별로 알고 싶어 하지 않는다. 도리어 엄마의 감정과 엄마가 한 인간으로서 가진 내적 세계는 아이들에게는 피하고 싶고 부담스러운 어떤 것이다.

어쨌든 엄마가 우리 학교생활에 관심에 없었던 덕에 나는 일찍 어른이 되었다. 부모는 내 미래를 위해 아무것도 해주지 않을(못할) 것이기 때문에 모든 결정과 그 결정에 따르는 결과를 내가 책임져야 한다고 어릴 때부터 생각했다. 엄마의 무관심이 특별한 의도나 철학을 바탕으로 한 것은 아니었다. 엄마들이 교육 정보를 잘 모르는 것이 별 흠이 되지 않은 시대였고 지금처럼 아이들 학업 성취의 책임을 엄마에게 지우지도 않았다.

무엇보다 엄마는 앞으로 우리가 살아갈 세상에 대해 잘 몰랐다. 시골에서 나고 자랐고, 결혼을 한 후에 도시로 나왔다지만 엄마는 서울 같은 대도시보다 시골과 다를 바 없는 섬이나 개발되기 전의 경기도 외곽에 살았다. 주위에 사는 사람들은 대개 농사를 짓거나 고기를 잡아 생활했고 엄마는 남편이 사무실에서 일해 다달이 받아 오는 월급으로 생활하는 '사모님'이었다. 그러니 겉보기에 엄마보다 나은 삶의 모델을 찾기도 어려웠다.

공부를 해서 상급 학교에 진학하면 우리의 미래가 자신의 경험과는 다를 거라는 건 엄마도 알았다. 그러나 구체적으로는 몰랐다. 아들이라면 아빠 정도의 삶이 최선이라고 생각할 수밖에 없었다. 여자들도 일할 수 있는 세상이니 딸들은 엄마처럼 살림만 하지 말고 사회생활을 했으면, 각자 안정적인 경제 생활을 꾸려나갔으면 하는 정도였다. 아빠처럼 시험을 봐서 직장을 얻으면 훨씬 안정되고 당당하리라는 생각은 했다. 엄마는 우리들이 고등고시를 봤으면 했다.

물론 우리 중에 고시에 도전한 사람은 아무도 없었다. 고시에 합격해 되는 직업에 별 흥미가 없기도 했고, 오랜 시간 매달려야 하는 공부를 해낼 자신도, 여력도 없었다. 무엇보다 우리 주변에 그런 쪽으로 조언을 해주거나 그 세계를 짐작할 수 있게 해준 사람이 없었다. 공무원이었던 아빠는 그런 삶을 동경하게 할 만큼 멋지지 않았다. 아빠 입장에서는 꿈꾸던 삶을 실현한 것도, 특별히 만족스러운 것도 아니었으므로 우리에게 자기 직업을 권하지도 않았다.

사실 엄마나 아빠나 둘 다 우리 미래에 관심이 없었다고 생각한다. 그런 환경에 별 불만은 없었다. 우리는 1차산업 종사자가 부모인 친구들 사이에서 사무직 아버지 덕에 소소한 특권을 누렸다. 경제적으로 풍족하지 않았음에도 상대적 비교를 통해서는 거의 박탈감을 느끼지 못했다. 행운이라면 행운이었지만 그만큼 우리 세계는 좁았다.

이사가 워낙 잦아 안정감도 별로 없었다. 모든 관계는 일시적이었고, 어떤 한 장소에 애착 같은 것도 생길 틈이 없었다. 인간관계는 가족으로, 장소는 집으로 한정되었다. 이런 상황에서 집을 정서적으로 지배하는 엄마의 권력은 절대적이었다. 엄마는 절대선, 유일한 보호자, 세상과 우리는 잇는 연결점이었다. 우리는 엄마에게 절대적으로 의존했다. 엄마는 적어도 자식들에게는 아주 오랫동안 절대 권력자로 군림했다.

엄마는 자신이 알고 있고 할 수 있는 선에서 최선을 다했다. 그럼에도 나중에는 이따금씩 안타까움을 내비쳤다. "니 오빠를 조금 더 뒷바라지해주었더라면 대학 교수가 되었을 텐데." 오빠는 용돈 정도는 과외 아르바이트를 해서 마련해 썼지만 대학원에 입학할 때는 금반지 계를 해서 마련한 엄마의 다이아몬드 반지를 팔아 등록금을 마련해야 했다. 그 이상은 무리였다.

오빠가 대학에 입학한 해에 우리나라는 중국과 처음 수교를 맺었다. 오빠가 대학원을 마칠 즈음에는 중국이 새로운 경제 동반자로 떠올랐다. 그동안 찬밥 신세였던 중국어문학 전공이 대학마다 우르르 생겨났다. 공부에 뜻이 있는 사람들에게는 교수가 될 수 있는 완벽한 기회였다. 실제로 돈이 있고 정보가 있는 오빠 선배들 친구들 가운데는 앞으로 전망을 고려해 전공을 선택했다는 사람이 많았다.

한자를 기가 막히게 잘 쓰고 한문을 좋아한 오빠는 담임 선생님 권유를 그냥 받아들인 쪽이었다. 다행히 오빠에게는 공부가 잘 맞았다. 오빠가 석사 학위를 받은 해에 다른 대학교 석사과정생 중에 오빠와 이름도 같고 전공도 비슷한 사람이 있었는데, 학위를 받고 나서 오빠를 일부러 찾아와 논문을 부러워하며 칭찬했다는 이야기를 오빠가 약간의 자랑을 섞어 했다.

그러나 거기까지였다. 오빠가 대학원을 마칠 때는 중국 본토로 가는 유학길이 막 열린 무렵이었다. 물가가 엄청나게 싸 국내에서 학업을 계속하는 것보다 중국 유학이 경제적으로 부담이 훨씬 적기도 했다. 그러나 아무도 가보지 않은 길이었기에 감히 내딛을 수 없는 발걸음이기도 했다. 오빠를 비롯한 우리 남매는 대체로 모험심과 용기와 자신감이 부족했다. 우리는 실제 가진 능력보다 자신을 훨씬 과소평가하는 지병을 앓고 있었다. 엄마 말대로 엄마가 뒷바라지를 감수했더라면 오빠는 교수가 되었을지도 모른다. 물론 그랬다면 우리들 중 누군가는 희생을 해야 했을 테다.

다행히 우리 때는 대학만 졸업하면 쉽게 취업할 수 있었다. 그러니 엄마가 아빠에게 당했을 시달림, 혹시나 있을지 모를 다른 동생들의 희생을 생각하면 오빠가 굳이 그 길을 선택할 이유가 없었다. 오빠는 별 야심이 없었다. 다른 이의 희생을 당연하게 생각할 만큼 뻔뻔하지도 않았다. 주경야독하며 꿈을 이뤄낼 만큼 의지가 강하지도 않았지만 그렇게까지 해서 될 만큼 교수가 간절한 꿈인 적도 없는 사람이었다.

엄마는 오빠 일뿐만 아니라 미술에 재능이 있었던 동생의 미술 교습을 지원하지 못한 것도 아쉬워했다. 엄마는 그렇게 경제적으로 여유 있고 뭘 좀 아는 부모 밑에서 자랐다면 우리가 훨씬 번듯한 사람들이 되었을 텐데 제대로 키우지 못했다고 자책하곤 했다.

그러나 단지 경제나 문화적 여력 문제가 아니었다. 엄마와 우리는 그저 다른 세상을 살았을 뿐이다. 엄마는 오빠가 쓴 '주작인周作人'에 대한 논문을 읽을 수 없었다. 오빠가 공부하는 '문학'이라는 게 어떤 건지 몰랐다. 게다가 '중국문학'이라니! 내가 백일장에 나가 상을 타고 그게 책으로 묶여 나와도 엄마에게 그건 없는 세계나 마찬가지였다. 졸업하던 해, 대학신문에 실린 내 조악한 소설을 읽어볼 생각조차 하지 않았다.

나는 엄마의 착한 딸로 학교와 집만을 오가면서 충실하게 여중 여고 6년을 다녔다. 가장 큰 일탈이 야간자율학습 시간에 학교를 몰래 빠져나와 근처 전철역 지하상가 만화방에서 신일숙이나 황미나의 만화를 읽고 자율학습 시간이 끝나기 전 다시 학교로 돌아오다가 선생님께 걸려 혼이 난 일 정도였다. 다른 세상이 궁금했지만 세상이나 어른들을 거역할 배짱도, 용기도 없었다.

그런 내게 유일한 탈출구는 다른 도시의 대학에 진학하는 것이었다. 나는 가능하면 멀리, 낯선 곳으로 떠나고 싶었다. 전혀 새로운 사람이 되고 싶었다. 하지만 진학을 핑계 삼더라도 멀리는 갈 수 없었다. 우리 집 규칙은 '대학에 합격하면 학교는 보내준다, 단 수도권 대학만 가능하다, 재수는 없다'였다. 인천에 사는 여자 고등학생 가운데 성적이 웬만하면 다 쓰는 대학에 합격했다. 나는 대학 교정을 돌아다니면 하루에도 몇 번씩 아는 얼굴을 마주치는 게 죽을 만큼 싫었다.

한 달 정도 대학을 다니다가 재수를 하겠다고 했을 때 엄마는 울었다. 1년 동안 대야 할 학원비를 걱정했고, 여자애가 공연히 한 살이라도 더 늦게 졸업하는 게 못마땅했다. 취업도 결혼도 1년 이상 늦어질 텐데, 여자 나이에 민감한 세상에 불이익을 당할까 걱정했다. 그러나 대체로 순하다가 어떤 일에는 고집불통이 되곤 했던 나를 잘 알았기에 엄마는 한 번 울고 더 이상 나를 말리지 않았다.

편안하고 안전한 세상에서 어른들의 보호를 받으며 예측 가능한 삶을 살던 아이들에게는 자기 세상이 답답해지는 시간이 온다. 바깥의 세상에 대한 호기심과 어른들, 사회가 길들인 욕망이 아닌 자기의 욕망을 확인하는 시기다. 아울러 이 시기에는 어른들이 울타리를 둘러치고 보호해주고 책임져주는 안전한 세상을 벗어나도 괜찮을까 하는 두려움, 이런 걸 꿈꿔도 되는 걸까 하는 의구심이 가득하다. 그러나 언제나 호기심은 두려움을 이긴다.

이런 시간은 성별에 상관없이 찾아온다. 다만 딸들에게는 선택지가 더 적다. 아들의 일탈, 반항은 '크게 될 놈'이라는 식으로 격려되는 측면이 없지 않다. 딸들의 다른 선택은 걱정거리일 뿐이다. 엄마 세대가 익숙한 세계로부터 탈출하는 유일한 방법이 결혼이었다면 우리 세대에게는 '대학 진학'이라는 선택지가 하나 더 있었다.

나는 결국 서울에 있는 대학에 갔다. 그 세계에서 이질감을 느끼면서도 희미한 자유를 느꼈다. 엄마는 어떤 부분의 나를 더 이상 평가할 수 없게 됐다. 물론 나는 자유와 함께 좌절과 체념도 얻었다. 친구들의 배운 부모들이 친구들에게 갖춰준 '분위기'를 나는 영원히 가질 수 없다는 데 좌절했다. 어린이 판일망정 어릴 때 세계문학전집을 다 읽은 친구들, 부모의 유학 시절 외국에 머물면서 그곳 학교에서 익힌 예체능 장기가 자연스러운 친구들이 있었고, 그런 친구들을 보면 내가 나름 누린 '사무직 아버지'라는 특권이 참 하찮았다.

차례차례 대학 진학이라는 출구로 들어서고부터 우리는 어떻게 살아가야 할지에 대해, 우리 미래에 대해, 이상에 대해, 일상에 대해 엄마와 이야기할 수 없게 됐다. 우리가 생각하는 것, 고민하는 것에 대해 엄마에게 설명할 수 없었다.

주위 사람들이 자식 교육과 공부 때문에 푸념을 늘어놓으면 엄마는 대꾸하곤 했다.

"아유, 공부를 부모가 시킨다고 되나? 다 저 하고 싶은 걸해야 잘하는 거야. 우리 애는 아주 어렸을 때부터 책 읽는 걸좋아했어요. 그러더니 그런 일을 하더라고."

그렇게 자신 있게 말하던 엄마는 과연 내가 누군지, 무엇을 원하는지 알고 있었을까? 엄마는 지금 엄마들처럼 자식들을 더 나은 상급 학교에 보내기 위해 애쓰지 않았고, 우리가 선택할 수 있는 삶의 다양성이나 기회에 대해서도 잘 몰랐다. 자신이 경험한 세계 안에서 막연히 근사해 보이는 삶을 우리가 살길 바랐고, 그 막연함 때문에 현실적인 어려움이나 한계를 알지 못했다.

그래서 엄마가 딸들에게 기대한 삶은 모순을 품을 수밖에 없었다. 엄마는 어떤 때는 내가 너무 늦지 않게 돈 잘 벌고 사회적 지위도 있는 사람을 만나 결혼해 남편에게 사랑받으며 아이들을 깔끔하게 키우는, 보호받고 사랑받는 화원의 꽃 같은 존재가 되길 바랐다가, 어떤 때는 바쁘게 일하며 사회적 성취를 이루고 TV에도 나오는 유명한 사람이 되길 바랐다. 혹은 둘 다를.

부모에게 자식들은 종종 '내가 되지 못한 나'이면서 '내가되고 싶었던 나'다. 엄마 역시 내가 자신이 되고 싶었지만 되지 못한 '누군가'가 되길 바랐다. 물론 나에겐 엄마의 꿈을 이뤄주어야 할 어떤 의무도 없었다. 그러나 나는 엄마가 원하는 사람이 되고 싶었다. 그게 엄마 삶의 보상이라고 생각했다. 하지만 우리가 우리 자신이 누구인지 끝내 알 수 없는 것처럼 엄마는 자신이 원하는 딸이 어떤 모습인지 정확히 몰랐다.

엄마가 중요하다고 생각하는 것과 내게 중요한 것이 달라졌을 때, 나는 엄마와 어떻게 맞춰야 했을까? 엄마와 딸에 대한 신화 가운데 엄마와 딸은 비슷한 삶의 궤적을 밟아가므로 서로를 잘 이해하게 된다는 것이 있다. 물론 어떤 부분은 그렇다. 그러나 엄마와 딸의 세계는 끝없이 어긋난다. 아주 살짝 어긋나도 그 선을 한없이 연장해 그으면 엄청난 간극이 벌어지는 것처럼, 엄마가 바라는 딸과 딸이 바라는 자신은 전혀 다른 사람이 된다. 그러므로 딸들은 엄마를 영원히 만족시킬 수 없다. 딸들 역시 엄마에게 이해받지 못한다. 그리고 그런 사실에 절망한다.

나는 아들만 둘인 것을 종종 아쉬워했다. 그러다 아이들이 대여섯 살을 넘기면서 어딘지 모르게 좀 편해졌다. 그때부터 아들들은 물리적으로 엄마 곁을 떠난다. 유치원생이 되면서 나는 더 이상 아이들을 데리고 여자 화장실에 들어갈 수 없었고, 목욕탕에도 같이 갈 수 없었다. 이런 영역 분리가 아이들에게도, 내게도 자유를 선물했다. 내가 들여다볼 수 없는 아이들의 공간에는 엄마는 되도록 모르는 것이 좋은 그들만의 세상이 있었다.

딸들은 엄마와 분리된 공간을 갖기 어렵다. 엄마와 딸은 집과 학교로 잠깐 떨어졌다가 딸이 결혼을 하고 나면 다시 부엌에서 만난다. 그 부엌은 더 이상 같은 부엌이 아니다. 그게 엄마와 딸 사이에 복잡한 문제를 만든다. 엄마는 둘의 부엌을 같은 부엌이라고 여기고 딸들을 통제하려 한다. 그러나 엄마는 어느 시기가 되면 품에 안은 딸을 내려놓아야 한다. 딸이 스스로 자기 길을 걸어갈 수 있도록.

에이드리언 리치는 시인 린 수케니크가 말한 '모성 공포증'을 "어머니의 속박에서 완전히 벗어나서 개체가 되고 자유로워지고 싶은 욕망에서 생겨나는 여성의 자아분열"로 설명했다. 딸들은 엄마에 속해 있으면서 동시에 벗어나고 싶어 한다. 우리 모두는 엄마에게 이런 말을 듣고 싶었던 것이 아닐까?

"그래, 나는 네가 어째서 집을 떠나 네가 옳다고 생각하는 일을 해야 하는지 이해한다. 나도 내 인생을 살기 위하여 누군가의 가슴을 아프게 한 적이 있단다."

가련한 엄마의
포로가 되어

어머니는 외동 혹은 맏이인 아이를 자기 소유물로 생각하면서, 자신이 어렸을 때 어머니에게 받지 못했던 것을 이젠 자식을 통해 찾을 수 있다고 생각한다. 아이가 언제든지 자신의 옆에 있어 주고, 자신의 목소리에 공명하며, 자신에게만 관심과 주의를 기울이고 찬사를 보내야 한다고 생각하는 것이다. 그런가 하면 아이의 요구가 본인에게 심한 부담이 되는 경우에는 자신의 어머니가 한때 그랬던 것처럼, 이제 예전처럼 무기력하게 당하고 있지만은 않는다. 독재에 가까운 횡포를 참지 않아도 되고, 아이가 울거나 자신을 방해하지 않도록 교육을 시킬 수도 있다. 마침내 그토록 원하던 배려와 존경을 아이에게서 받고, 부모가 주지 않았던 본인의 인생에 관한 걱정이나 관심을 보여 달라고 아이에게 요구할 수도 있다.

앨리스 밀러, 『천재가 될 수밖에 없었던 아이들의 드라마』, 노선정 옮김, 양철북, 2019, 66-67쪽

어느 작가의 여행산문집을 읽다 잠깐 책을 덮었다. 여인숙
에 대한 따뜻하고 애틋한 회고를 보고 문득 한 시절이 떠올
랐기 때문이다.

엄마가 아빠와 헤어지기 직전 상황은 아주 나빴다. 아빠
는 자기 곁을 떠나지 않고서는 도저히 못 견디게 만들겠다는
강한 의지가 있었던 게 아니고는 할 수 없는 행동들을 매일
반복했다. 물리적 폭력, 정서적 학대, 온갖 무자비한 행동 때
문에 가족 모두가 고통받았다.

어느 밤은 도저히 견딜 수 없는 상황이었다. 엄마와 우리
는 옷도 제대로 못 걸치고 겨우 지갑 하나만 챙겨 나왔다. 정
처 없이 어느 뒷골목까지 불이 켜진 숙소를 찾아 떠돌았다.
기억이 맞다면 집에서 가장 가까운 전철역 근처였다. 본능
적으로 역 근처에 가면 하룻밤을 지낼 싼 숙소가 있겠다 싶
었나 보다. 여관방은 길가에 면해 줄지어 있었고 귀가 맞지
않는 문짝 사이로 바깥 유흥업소의 색색 조명이 방 안까지

드리웠다. 종종 취객들의 의미를 알 수 없는 말들이 커졌다 작아졌다 들렸다. 우리들은 아무 말도 꺼내지 않은 채 옹기 종기 무릎을 세워 안고서 낡아빠진 싸구려 비닐 장판을 내려 다보며 그 밤을 고스란히 지샜다. 그런 공포와 절망의 밤이 지나면 엄마에 대한 연민이 남았다.

이 여인숙의 기억은 '술 취한 아버지의 폭력을 피해 온 가 족이 여인숙에 간 적이 있다'만 사실이고 나머지는 기억 속 에서 윤색된 것일지 모른다. 스스로를 연민에 빠뜨리는 슬 픈 기억들은 종종 소설이나 영화에서 본 것과 섞인다.

온 세상이 떠들어대는 것처럼 과연 집이 따뜻하기만 한 곳일까? 누군가의 말처럼 집은 눈 닿는 곳 어디나 상처투성 이다. 우리 집 거실 벽은 시멘트 벽에 벽지를 바르는 대신 당 시 유행에 따라 요철이 있는 나무판으로 되어 있었다. 그리 고 그 나무판은 칼과 둔기에 찍혀 부서지고 우그러진 자국들 로 가득했다.

우리는 그 집으로부터 피신할 곳이 필요하다는 데 합의했 다. 금방이라도 큰일이 날 것 같은 절박함 때문이었다. 지옥 같은 모든 밤을 여인숙으로 도망칠 수는 없었다. 그러나 돈 이 없었다. 우리는 우리가 아는 가장 부자인 사람에게 도움 을 청했다. 그는 기꺼이 열세 평 아파트 전세금을 즉시 마련 해주었고 우리는 근처 아파트 단지에 집 하나를 전세 냈다.

가구도, 가재도구도, 라면 끓일 냄비도 하나 없는 황량한 집이었다. 그건 집이라고도, 집이 아니라고도 할 수 없는 곳이었다. 그런데 그 텅 빈 집에서 마음이 편했다. 생활도 일상도 없는 곳, 오로지 위험을 피해 숨을 수 있는 곳, 여인숙과 다를 바 없는 그곳에서 나는 도리어 편안함을 느꼈다.

피난처는 오래가지 않았다. 전셋돈은 언젠가 갚아야 할 돈이었다. 우리는 모두 아직 학생이었고 엄마는 돈벌이를 할 수 없었다. 그만 한 돈을 우리가 마련해 갚는 건 불가능했다. 우리는 다시 집을 내놓아 빌렸던 돈을 갚고 조금 잠잠해진 집으로 돌아갔다. 우리가 잠깐 머문 집은 다른 이의 거처가 되었을 것이다. 집에서 벌어지는 이런저런 일들에 치일 때마다 신발을 신은 채 들어가곤 했던 그 텅 빈 집 거실, 뿌옇던 베란다 창문을 생각했다.

그렇게 엄마는 내게 늘 가련한 사람이었다. 내가 딸로 사는 동안 그런 시간이 켜켜이 쌓였다. 그 이름 모를 여인숙에도, 물지게를 지고 엄마가 올라오던 언덕길에도, 여름이면 여름대로 겨울이면 겨울대로 갈라져 터졌던 엄마의 손에도. 엄마와는 다른 삶을 잘 알지 못했으면서도 엄마의 삶이 고되다는 건 알았다. 엄마를 더 이상 아프게 하면 안 된다, 엄마가 나 때문에 힘들어지면 안 된다, 나아가 내가 엄마를 보호하고 지켜줘야 한다, 오래 그런 생각을 했다.

가련한 엄마를 둔 딸들은 순순히, 기꺼이 엄마의 딸이 된다. '남자와 여자가 결혼해 행복하게 살았습니다'로 끝맺는 숱한 동화를 읽었음에도 엄마 아빠의 결혼 생활을 보면서 일찌감치 결혼을 해피엔딩으로 여기지 않게 되었다. 그 대신 결혼하지 않고 빨리 독립해서 엄마를 아빠로부터, 그 지옥으로부터 구해내겠다고 다짐했다. 엄마는 지금도 그리움을 담아 이렇게 되뇌곤 한다. "너 어릴 땐, 결혼 안 하고 엄마랑 살겠다고 했는데…."

엄마를 돌볼 실질적인 힘이 없을 때 우리는 엄마 마음에 드는 사람이 될 수밖에 없다. 절대적인 엄마 편이 될 수밖에 없다. 엄마는 자식이라는, 아니 딸이라는 든든한 지지자에 둘러싸여 절대 권력을 누린다. 힘이 없을 때 우리가 할 수 있는 일은 그저 엄마 말을 잘 듣는 것밖에 없다. 엄마 말이 혹시 틀렸더라도 우리는 반박하거나 거부하지 않고 순응했다. 엄마 기분이 안 좋을까 걱정했고, 엄마가 화를 내면 숨을 죽였다.

어린 시절 나는 내 힘으로 엄마를 구원할 수 없다는 것에 깊은 좌절감을 느꼈다. 심리학자들이 일찍이 간파한 것처럼 박해받는 약자들에 대한 이런 좌절감은 무기력, 죄의식, 자기 부정, 우울함을 가져온다. 또 심리적 긴장, 약삭빠름과 함께 억압하는 자들에 대한 기민하고 노련한 관찰, 즉 눈치가 발달한다. 나를 보살펴주는 절대적 존재의 기분이 어떤지를 살펴 그에 맞추려 한다.

아파도, 뭔가를 잘 못해도 나는 먼저 엄마에게 미안해했다. 엄마가 언짢은 것은 내가 뭔가를 잘 못했기 때문이라고 느꼈다. 그리고 엄마가 너무 힘들면 어느 날 내 곁을 떠날지 않을까 두려워했다. 그래서 엄마 없이 내가 잘해나갈 수 없다는 것으로 엄마를 곁에 붙잡아두었다. 아프면 엄마에게 미안한데, 한편으로는 계속 연약하고 아픈 사람으로 남아 있어야 했다. 나는 건강 체질이었고 딱히 아픈 곳도 없었지만 사춘기 내내 어딘가 병약한 아이처럼 굴었다.

아빠는 엄마와 함께 우리를 보살펴야 할 양육 주체였지만 있으나 마나 한 존재였다. 엄마가 외출하는 것을 아빠가 싫어해 엄마는 거의 늘 집에 있었다. 그러다 어느 날은 어쩔 수 없이 외출을 해야 할 일이 생겼다. 점심때가 되자 아빠는 관사에 돌아와 짜장면을 시켜 먹었다. 우리 남매도 모두 밥을 먹지 못한 상태였다. 아빠는 우리가 밥을 먹었는지 말았는지 관심도 없었다. 우리는 입맛을 다시며 아빠가 먹는 짜장면을 흘깃거렸다. 아빠는 그런 우리에게 눈길조차 주지 않았다.

엄마가 올 때까지 굶고 있었던 우리에게 저녁을 해주면서 엄마가 느낀 것은 좌절감이었다. 아빠 곁을 떠나고 싶다는 생각이 떠오르면 엄마는 굶고 있던 우리를 떠올리며 이를 악물었다. 엄마가 떠나면 우리들은 모두 고아원으로 흩어지게 될 것이고 그로 인해 엄마의 삶 역시 편안하지 않을 테니까. 엄마에게 우리는 어쩌면 구원이었지만 다른 한편으로는 족쇄였다.

엄마는 특히 내가 약한 아이여서 자신이 계속 보살펴야 한다고 생각했다. 아주 어릴 때부터 엄마는 철마다 나를 위해 보약을 지어 왔고 때로는 사슴 피 같은, 어디에 어떻게 좋은지는 입증된 바 없지만 하여간 몸에 좋다는 정체불명의 보양식을 구해다 먹이기도 했다. 잔병치레로만 보자면 바로 아래 동생이 훨씬 잦았지만 아무 근거 없이 나는 엄마의 각별한 보살핌을 받아야 할 약한 존재로 내내 남아 있었다.

돌이켜보면 나 역시 무의식적으로 그런 상황을 지속하는 데 일조한 게 아닌가 싶다. 나는 엄마의 사랑을 얻기 위해 스스로를 혹독하게 대하면서 동시에 엄마가 '저 아이는 내가 없으면 안 돼'라고 생각하도록 엄마를 교묘하게 조종하고 있었다. 엄마 또한 자신이 중요한 사람임을 증명하기 위해 애썼다. 그리고 엄마가 자신이 없으면 집안 꼴이 말이 아니게 되는 상황을 내심 즐겼다.

아이들은 어릴수록 양육자에게 생존을 의탁할 수밖에 없다. 아이들은 양육자의 마음에 드는 사람이 되려고 최선을 다한다. 동시에 자신의 연약함을 무기 삼아 양육자가 자신을 떠날 수 없게 만든다. 엄마가 내 엄마로 살아온 내내 불행하고 가련했다는 생각은 어쩌면 내 착각일지도 모른다. 한 사람의 생애는 한 가지 감정과 상태로만 이루어질 수 없다는 사실을 이제는 잘 안다.

하지만 우리나라 같은 강한 가부장 사회에서 딸들 기억 속 '엄마들'의 삶은 우리 엄마보다 더하면 더했지 덜한 경우를 찾기 힘들다. 그러니 이 기억은 나 혼자만의 기억이 아니라 내 또래 딸과 그 엄마 세대가 공유하는 기억이라고 할 수 있다. 우리 세대 딸과 엄마의 심정적 결속은 이런 데서 비롯했다. 그러니 엄마에게 종속되면서 동시에 엄마를 조종한 일 또한 나에게만 있었던 일은 아니었을 것이다.

이런 식으로 가족 모두가 극복하거나 견뎌야 할 어떤 난관으로 '아빠'가 있을 때, 아이에게 엄마라는 방어막은 폭력적인 가부장이라는 억압과는 또 다른 겹의 억압이 되고 만다. 엄마에 대한 연민, 죄의식 때문에 딸들을 엄마의 포로가되고, 엄마는 자신이 겪고 극복해온 고통과 곤경의 목격자로 딸들을 갖는다. 목격자이자 위로자로서, 나중엔 은혜에 보답해야 하는 사람으로서 딸들은 엄마에게서 영원히 헤어나지 못한다.

아들보다 딸에게 이런 기대가 모아지는 것은 당연히 사회와 가정이 여성들에게 기대하는 역할과 관련이 있다. 연민은 누구의 감정이고 눈물은 누구의 것일 때 장려되는가? 아들은 엄마를 모른다. 엄마를 몰라도 되고 엄마의 삶을 이해할 계기를 갖지도 못한다. 무엇보다 엄마를 모르는 아들은 딸들과 달리 엄마에게 용서받는다.

리베카 솔닛은 『멀고도 가까운』에서 "어머니는 아들들에게는 당신의 문제를 늘 숨겨왔다. 그들은 어머니의 가장 좋은 모습만 상영하는 극장의 관객이었고, 어머니도 그걸 바라셨다. 나는 늘 무대 뒤에, 상황이 훨씬 지저분한 곳에 머물렀다"고 썼다. 아들과 엄마의 관계는 그렇다. 아들에게 엄마는 아버지와 다를 바 없는 존재다. 이 둘 사이는 그래서 연민이나 사랑 같은 모든 감정이 순수하고 산뜻하다.

물리적인 힘으로 따지자면 오빠가 나보다 더 강했겠지만 엄마는 자신의 보호자로 오빠보다 딸들을 원했다. 엄마가 나를 자기 삶의 목격자이면서 동시에 구원자로 여겼듯, 나는 엄마를 헌신적으로 우리를 보살피는 보호자로 생각하면서 동시에 언제나 내가 지켜줘야 하는 사람이라고 생각했다. 그래서 엄마와 딸 사이에 있는 연민과 사랑은 증오와 원망, 분노, 슬픔, 우울 등 온갖 감정이 뒤섞인 복합적인 감정이다.

의식하든 안 하든 엄마들은 자신의 안된 처지를 종종 이용하고 특히 그런 조종은 딸들에게 잘 통한다. 내가 이렇게까지 힘들고 억울하게 살았는데 어떻게 너까지 그럴 수가 있니, 이렇게 상황이 안 좋은 데 너까지 날 떠나니, 이런 애원과 협박은 딸의 삶을 속박한다. 그뿐인가. 같은 여성으로서 비슷한 경로로 살아가면서 모든 순간에 엄마의 삶이 내 삶에 개입하는 걸 느낀다. 나는 남편과 행복한 순간을 보낼 때 문득 '엄마도 이런 것을 느껴봤을까?' 생각하곤 했다. 반대의 경우도 마찬가지였다.

불행해도 행복해도, 엄마의 삶은 내 삶에 겹쳐졌다. 이제야 삶이 생각처럼 단순하지 않으며, 절대적인 것처럼 보이는 행복과 불행도 현재 내 상황에 따라 얼마든 재배치된다는 걸 겨우 이해했다. 그래서 엄마의 삶 또한 내가 생각하는 것처럼 불행과 슬픔으로만 점철되어 있지 않았으리라는 것을 잘 안다. 하지만 내 삶을 조종하고 지배해온 가련한 엄마의 삶 때문에 내가 지나치게 씩씩하려고 노력했다는 것만은 달라지지 않는다.

엄마가 된 후, 나는 아이들에게 '불쌍한 엄마'로 보이지 않으려 애를 썼다. 나는 본래 낙관적이거나 낙천적인 사람이 아님에도 그렇게 연기했다. 어떤 상황에서도 명랑하려고 노력하다가 약간 망가진 것 같기도 하다. 고통에 무뎌졌고 어려운 상황에 처했을 때 도움을 청하는 일에 서툴고 다른 사람이 베푸는 조건 없는 호의를 잘 받지 못하게 되었다. 또 그런 나 자신에 대한 연민에 자주 사로잡혔다.

나와 엄마의 연대는 이렇게 복잡했다. 서로를 사랑하면서, 그 감정 안에는 연민과 지배와 구속과 조종과 구원이 뒤엉켜 있었다. 사랑과 증오가 함께했고, 동정과 분노가 분리되지 않았다. 모든 딸은 엄마에 대한 이런 감정을 설명할 수 없어서 입을 닫는다.

사라지는 몸,
감춰지는 몸

소녀들은 어린 시절부터 배운다. 날씬하고 아담해야 한다고. 자리를 많이 차지해선 안 된다고. 남자들 눈에 보기 좋아야 한다고. 사회에서 받아들일 만해져야 한다고. 대부분의 여자들은 알고 있다. 우리는 점차 작아지고 사라져야 한다는 것을. 하지만 이런 이야기를 더 크게 반복적으로 해야만 한다. 그래야 우리는 이 사회가 우리에게 기대하는 기준에 힘없이 굴복하지 않고 저항할 수 있다.

록산 게이, 『헝거』, 노지양 옮김, 사이행성, 2018, 32쪽

언제였는지 기억나지 않는 어렸을 때 엄마가 방 한쪽으로 돌아앉아서 오래 입어 낡아진 엄마와 우리 속옷을 가위로 잘게 자르는 것을 보았다. 약간 충격을 받았다. 잔 꽃무늬가 그려져 있거나 분홍색이어서 대번에 여자 속옷인지 알아볼 수 있을 테고, 그런 속옷이 쓰레기더미에 아무렇게나 버려져 있으면 보기 흉해서 그러는 거라고 즉각 이해를 하긴 했지만, 어쨌든 우리 몸을 가장 밀착해서 감싸고 있던, 그래서 몸의 일부나 다름없던 속옷들이 형체를 알아볼 수 없는 작은 조각으로 잘려나가는 걸 보고 있자니 그만큼씩 내 몸이 사라지는 것 같았다.

또 어렸을 때 외할머니가 아무도 깨지 않은 캄캄한 새벽에 일어나 어둠 속에서 머리 빗는 것을 본 기억도 난다. 성격이 깔끔한 외할머니는 더 이상 머리를 스스로 간수할 수 없게 된 때에야 머리를 짧게 자르셨다. 돌아가시기 불과 몇 달 전이었다. 그전까지 허리에 닿을 만큼 길게 기른 머리카락을 참빗으로 곱게 빗어 틀어 올려 은비녀로 꽂고 계셨다. 외할머니에게 왜 이렇게 캄캄한 새벽에 머리를 빗느냐고 물었더니, 여자들 머리 빗는 것이 보기 흉해서 그런다고 했다. 나는 그것 역시 쉽게 납득했다.

엄마가 잘게 잘라 버린 속옷만큼 내 몸은 지워졌고, 새벽의 어둠 속에 잠겨 있던 외할머니의 뒷모습처럼 우리 몸 또한 어둠 속에 감춰졌다. 엄마는 여자들 속옷 버리는 방식을 외할머니에게 배웠을 것이다. 외할머니가 머리를 빗는 방식은 외할머니의 엄마에게서 배운 것이리라. 이런 과정에서 어린 여자애들은 자기 몸이 어떻게 생겼는지, 그 몸이 어떤 기능을 하는지 알기도 전에 사람들 눈에 띄지 않게 감춰야 한다는 걸 알게 된다. 우리에게 몸은 어쩐지 부끄러운 것이었다.

그럼에도 어쩔 수 없이 몸을 의식하고 마는 때가 온다. 소녀가 될 무렵, 우리 몸이 세상에 여자처럼 보이기 시작하는 때, 가장 흉측하고 모멸스러운 방식으로.

국민학교 6학년 겨울방학이 끝나갈 무렵이었다. 나는 중학교 입학을 앞두고 6학년 여름방학 직전에 섬에서 인천으로 전학을 와 이모 집에서 지내고 있었다. 함께 놀 친구도 없었고 그렇다고 이모 집이 편하지도 않아서 혼자서 길거리를 쏘다녔다.

아직 도로가 제대로 닦이지 않은 이모네 집 앞길에는 핫
도그 같은 군것질거리들을 파는 포장마차, 옷이나 잡화를
파는 상점들이 늘어서 있었다. 내가 떠나온 섬에는 '상점'이
라는 게 없었다. 자급자족하는 원시 부족 사회 같았다. 어른
걸음으로 15분 이상 걸어가야 나오는 동네 구멍가게, 학교
수업에 필요한 학용품을 파는 학교 앞 작은 문방구가 전부였
다. 눈요깃거리로 구경할 수 있는 물건들을 늘어놓고 파는
상점 같은 건 없었다. 옷이나 꼭 필요한 잡화는 어른들이 두
시간 반 배를 타고 인천에 가서 사 왔다. 그러니 이모 집 앞
상가를 구경하는 일은 언제나 시간 가는 줄 모르게 재미있는
일이었다.

설탕과 케첩을 듬뿍 뿌려주는 핫도그가 맛있어 보였지만
돈이 없었다. 시린 손을 텅 빈 주머니에 넣고 꼼지락거리며
한껏 느린 걸음으로 걷고 있을 때 한 아저씨가 다가왔다.

"꼬마야, 아저씨가 뭘 좀 옮겨야 되는데 도와줄 수 있을
까? 도와주면 아저씨가 천 원 줄게."

어려움에 처한 사람을 돕고 돈까지 받을 수 있다니, 거절
할 이유가 없었다. 천 원을 받으면 핫도그를 사 먹을 수 있겠
다는 생각뿐이었다.

"네!"

나는 씩씩하게 대답하고 아저씨를 따라갔다. 아저씨는 상

가가 끝나고 주택가가 시작되는 부근에 임시로 만들어진 창고 같은 곳으로 나를 데려갔다. 옮길 물건이 창고 안에 있다고 했다. 나는 아무 의심 없이 창고 안으로 들어갔다. 아저씨는 뒤따라 들어와 문을 닫았다. 그러더니 나를 바닥에 눕히고 그 위에 몸을 포갰다. 겨울이라 내 옷들은 여러 겹이었고 다 두꺼웠다. 아저씨가 내 바지 지퍼 쪽을 더듬었다. 나는 본능적으로 아저씨를 떠밀었다. 비닐 문을 박차고 뛰쳐나왔다. 지금 생각하면 문이 잠겨 있지 않은 것이 천운이었다. 그 아저씨가 더 이상 나를 쫓아오지 않은 것도 다행이었다.

그때 거길 박차고 나오지 않으면 어떤 일이 일어날지 구체적으로 알고 그런 건 아니었다. 뭔가 옳지 않다는 사실만큼은 태어나기 전부터 알았던 것처럼 분명했다. 그리고 분명하게 떠오르지는 않지만 일곱 살 무렵에도 동네 태권도장 사범이 내게 비슷한 일을 했다는 것까지 한꺼번에 떠올랐다. 나는 두렵고 부끄러웠다. 집에 돌아가지 못하고 해가 질 때까지 울면서 추운 거리를 돌아다녔다.

그때 나는 키 130센티미터에 몸무게가 20여 킬로그램밖에 나가지 않는 아주 작은 아이였다. 길거리를 지나는 힘세고 체격 좋은 남자들을 두고 나 같은 꼬마 여자애에게 짐을 옮겨달라고 부탁하는 게 이상하다고 생각하지도 못하는 아이였다. 내게 벌어진 일이 어떤 일인지 정확히 몰랐지만 뭔가 더럽혀졌다는 기분, 나는 더 이상 깨끗하지 않다는 수치심을 느꼈다. 내 몸에 자기 몸을 포갠 아저씨 입에서는 더러운 구린내가 훅 풍겼었고 그 냄새는 오랫동안 내 곁을 맴돌았다.

나는 그 이야기를 아무에게도 하지 않았다. 엄마에게조차도. 엄마가 그 일을 알았다고 해도 나를 비난하지는 않았을 것이다. 그렇지만 적극적으로 나를 위로하지도 않았을 것이다. 더 이상 이야기하지 않음으로써 엄마는 내가 그 일을 잊기를, 애초에 일어난 적도 없는 일이라고 생각하기를 바랐을 것이다. 엄마에게는 물론이고 다른 누구에게도 이 일을 말하지 않은 것은 나 역시 이 일을 없는 셈 치는 게 유리하다는 사실을 본능과 직관으로 알았기 때문이다.

내가 잘못한 것도 아닌데 잘못한 것처럼 느끼는 것. 내가 그랬듯 여자들은 자기 몸을 이런 식으로 처음 인식한다. 더럽혀질 수 있는 것, 깨끗해야만 하는 것. 우리는 우리 몸의 주체이거나 주인인 적이 없다. 우리는 우리 몸을 지키는 사람일 뿐이다. 엄마와 친척 언니들과 이모들과 수많은 여자 누구도 자기 몸의 주인은 오로지 자기 자신밖에 될 수 없다는 사실을 알려주지 않았다. 우리 몸은 단속의 대상일 뿐이었다.

다리 오므리고 앉아라, 속옷 보일라, 앞섶이 너무 파였네,

술집 여자처럼 이게 뭐냐, 치마가 너무 짧다, 옷이 너무 꽉 끼네, 머리를 좀 단정히 해라, 미친년 꽃다발이네, 이렇게 해라, 저렇게는 하지 마라, 우리에게 주어진 말들은 온통 그런 것이었다. 여자애들이 사회화하는 과정은 몸을 감추고, 지우고, 더 보기 좋게 꾸미고, 그렇게 바꾸는 것. 우리는 우리 몸 자체가 원하는 것에 귀 기울이지 않았다.

그래서 우리는 우리 몸에서 일어날 모든 일에 대해 잘 몰랐다. 그에 대해서 적극적으로 말하고 질문하면 주변 사람들이 모두 질색하는 것 같아 침묵했다. 잘못하다가는 '발랑 까진 애'가 되었고 우리 몸에 대해 모르면 모를수록 좋은 여자애가 되었다. 딸의 몸에 어떤 일이 일어났을 때 엄마들은 대부분 침묵하고 조용히 처리했다. 그게 딸을 위한 일이라고 믿었기 때문이다. 친구들끼리 모여도 몸에 대해서는 이야기하지 않았다. 몸에 관한 한 여자들은 침묵의 공동체였다. 우리는 언젠가 누군가에게 보여지고 누군가에게 소유될 사람들이었다. 그때까지 우리는 아무도 아니었다.

뒤늦게 이런 생각을 하니 슬프다. 나중에야 이런 일이 나에게만 일어난 아주 특별한 일이 아니며 대부분의 여자에게 인생 어느 순간에는 일어나고야 마는 일이라는 사실을 알았다. 얼굴이 예쁘거나 밉거나 나이가 적거나 많거나 상관없었다. 잘 아는 사람이건, 처음 만난 아저씨건, 함께 일하는 동료건, 선후배건, 친구건, 상대도 다양했다. 강간처럼 무지막지한 폭력일 때도 있지만 농담 삼아 건네는 말 한마디에 상처를 입기도 한다. 나는 자연스럽게 몸과 정신 혹은 마음에 위계를 두게 되었고 다른 것들이 몸보다 더 중요하다고 믿게 되었다.

몸은 쉽게 더럽혀질 수 있는 것이기에 순수하지 못했다. 내 몸이지만 다른 이에게 쉽게 상처 입을 수 있는 몸은 견고하지 못했다. 나는 몸으로 하는 모든 활동, 몸으로 표현하는 모든 것에 약간은 경멸을 품었다. 예쁜 옷을 입고 화장을 하는 일도 뭐랄까, 덧없다고 느꼈다. 다들 한창 예쁠 때라고 하는 대학교 때 내 사진을 보면 머리는 아무렇게나 길어서 질끈 묶었고 티셔츠에 청바지를 주로 입었다. 티셔츠는 개성도 아무 멋도 없는, 과에서 단체로 맞춘 티셔츠였다. 게다가 (만화나 드라마에서 못생기고 인기 없는 여자애들의 상징과도 같았던) 핑핑 도는 안경잡이였다.

여자애들이 일반적으로 체육을 경원하는 건 운동장을 남자애들에게 빼앗겨서라기보다 이런 몸에 대한 이중적 태도 때문이 아닐까 생각했다. 사춘기 때 여자애들은 그게 뭔지도 모르면서 '플라토닉 러브'를 이상으로 여겼고, 남녀의 두근거림보다 같은 여학생 선배나 친구들을 선망하고 동경했다. 우리들은 언제든 더럽혀질 수 있는 몸의 취약함보다 단단해 보이는 것, 쉽게 변하지 않는 것들을 더 사랑했고 더 추구했다.

나에게 몸은 없는 것이나 마찬가지였고 가끔 없었으면 좋겠는 무엇이었다. 나는 먹는 것을 좋아하지 않고 내가 먹는 모든 것들이 몸의 일부가 된다는 사실에 혐오감을 느꼈다. 언제부터 그랬는지는 잘 모르겠다. 엄마의 증언에 따르면 내가 국민학교 1학년 때는 운동회에서 선보일 무용을 배웠고 학교에서 집으로 보내는 성적표에는 선생님이 "무용을 예쁘게 잘한다"고 써주었다는데, 그리고 4학년 때는 학교 대표 에어로빅 팀에 뽑히기도 했는데.

확실한 건 몸을 의식하기 시작한 후부터 몸을 혐오하기 시작했다는 것이다. 가슴이 나오고 월경을 시작한 이후부터. 내 몸에 여자의 표식이 분명해지고 난 후부터. 남녀 관계란 불쾌하고 순수하지 못한 몸의 접촉을 떠올리게 했다.

연애를 '캠퍼스 낭만'의 정점으로 여긴 시대에 여대에 들어간 건 어쩐지 시대를 역행하는 듯 했지만 나는 잘 알았다. 남자들이 있는 공간에서 나는 자유롭지 않았고 내가 끊임없이 관찰되고 평가되고 있다는 대상화의 공포에 경직되곤 했다. 여자들만 있는 공간에서 나는 안도감과 함께 에너지를 얻었다. 우리는 토론하고 싸우고 결정하고 실행하고 더러 실패했고 매번 새로 시작했다. 우리는 무엇에든 덤벼들었다. 그때 우리는 여자가 아니라 그냥 인간으로 살아 있다고 느꼈다.

하지만 인간은 일차적으로 몸으로 이루어진 존재다. 육체의 유한성, 육체의 한계, 육체의 고유성과 특수성이 나 자신을 자신답게 만든다는 사실을 그때는 몰랐다. 몸으로부터 분리된 나는 약간 이상한 인간이 되었다.

나는 술을 먹고 취하는 게 싫었고 취해서 내 이성 바깥의 나를 드러내는 게 싫었다. 나는 쉽게 중독되는 성향이 있는 사람이라 담배나 술이나 도박처럼 중독될 만한 것들을 내 세계에 들이지 않았다. 퍼즐 같은 취미도 몰두하게 될까 봐 책상에 펼쳐놓고 의자 없이 서서 했다. 다리가 아프면 오래 못할 거 같아서. 몸은 변덕스럽고 취약했다. 나는 도서관에서 세월의 풍화에서 살아남은 책들을 찾아내 사랑했고 그것들이 만들었거나 만들 세상을 동경했다.

나는 기능적으로도, 미적으로도 아름답지 못하다고 여긴 내 몸을 의식하지 않으려고 안간힘을 썼던 것 같다. 몸에 대해 한 번이라도 깊게 생각할 수 있었다면, 아니 적어도 인식만이라도 할 수 있었다면 좋았겠다고 이제야 생각한다. 몸을 감추고 싶어 한 그 시간과 강도만큼 나는 나를 아주 오랫동안 좋아하지 못했다.

엄마의 일,
고귀하거나 비천하거나

성별의 경제적 구분, 경제적 개념으로서의 가족, 가정과 공공영역 간의 대립 같은 전례 없는 현상들로 인해 임금 노동은 삶의 필수 요소가 되었다. 이 모든 과정을 완수할 수 있었던 비결은 노동하는 남성을 가사일하는 여성의 일대일 관리자로 임명하고, 이런 후견자 임무를 기꺼이 받아들여야 할 의무로 만든 데 있었다. 양과 거지에 대한 인클로저가 실패한 지점에서 여성에 대한 인클로저는 성공을 거두었다.

이반 일리치, 『그림자 노동』, 노승영 옮김, 사월의책, 2015, 189쪽

"나중에 나 식모 시킬 거야?" 40년 가까이 착한 딸로 살아오면서 내가 엄마에게 가장 크게 반항을 한 건 중2 때, 엄마가 내게 저녁 설거지를 맡겼을 때였다. 지금 생각하면 아이 넷을 건사하느라 엄마가 얼마나 힘들고 바빴을까, 시키지 않아도 내가 알아서 좀 할걸 싶지만 그때는 더 어린 동생은 못 미더워서, 오빠는 오빠라서 안 해도 되는 일을 하필 내가 해야 하는 게 억울했다. 엄마는 비교적 아들, 딸 차별을 두지 않고 우리를 키웠지만 관습을 전복할 정도까지는 아니었다.

아들에 대해서 엄마의 태도는 이중적이었다. 아들을 낳아 대를 잇는 것이 여자들의 주요 임무였던 전근대에서 그리 멀지 않은 시대를 산 엄마에게 첫 아이로 아들을 낳은 것은 제할 일을 다했다는 떳떳함이었다. 터울이 많이 지는 막내는 계획 없이 생겼는데 맏아들을 낳고 딸만 연달아 둘을 낳은 엄마가 아들이었으면 좋겠다는 생각으로 낳은 아이였다. 그렇게 낳은 막내가 딸이어서 엄마는 내심 서운해했다.

오빠는 딸이 많은 집에서 자라 가사일에 내남을 두지 않는 편이었다. 하도 이사를 다녀서 친구가 많지 않았기 때문에 우리끼리 놀아야 해서 공기놀이처럼 여자애들 놀이로 치부되던 것들도 잘했다. 하지만 엄마는 오빠가 부엌에서 얼쩡거리면 불편해했다. 엄마가 외출했다 돌아왔을 때 오빠가 혼자 라면을 끓여 먹고 있는 걸 보고 "여자애가 둘이나 있는데 오빠가 라면을 손수 끓였다"고 혀를 차던 엄마의 모습을 아직도 기억한다.

오랜 관습일수록 자연스러워서 일종의 자연의 질서로 받아들이기 쉽다. 내겐 가사노동이 그렇다. 진심으로 나는 모든 여성 문제의 핵심에는 가사노동이 있다고 생각한다. 가사노동은 남녀를 불문하고 모든 사람이 살아가는 데 필요 불가결한 일이다. 그럼에도 하찮은 일 취급을 받는다. 늘어놓으면 별로 내놓을 것 없는 일임에도 시간과 수고가 많이 든다. 그런데 집안에서 할머니들, 엄마들이 전담해온 일이라 여자들 일로 여겨진다.

이런 내면화는 엄마의 삶 자체로 고스란히 나에게 전달되었다. 아빠가 강하게 외출을 통제해서도 그렇고 젊어서는 친구도 없고 별로 나다닐 데가 없어서도 그랬겠지만, 엄마는 대체로 집에서 지냈고 여섯 식구 대가족의 삼시 세끼를 차려냈다. 고기가 비싸기도 했고 아빠가 고기보다 나물 종류를 좋아해서 엄마는 주로 나물 요리를 많이 했다. 그때는 그저 그런가 보다 했다. 주부가 되고 나서 나물 요리라는 게 얼마나 노동집약적인 음식인지 알게 됐다.

엄마는 봄부터 여름까지는 들에서 나물을 직접 캐다가 다듬고 씻고 데치고 무쳐서 먹었고, 겨울이면 삶아서 말린 나물을 다시 물에 불리고 씻고 데쳐 무치거나 볶아서 먹었다. 우리가 이사 다닌 집 가운데는 아궁이에 불을 때는 곳도 있었다. 동네 분들이 가져다주는 나무와는 별도로 불쏘시개 역할을 할 마른 나뭇잎이나 삭정이, 말라 죽은 나무뿌리 뿌다귀들을 발로 차서 캐 오는 일도 엄마랑 우리 몫이었다.

이런 일들은 표시라도 났다. 청소나 빨래는 아예 존재감이 없었다. 아무 데나 벗어놓으면 깨끗하게 빨아서 말려서 개서 서랍 안에 채워진 옷들, 늘 그 자리에 있는 휴지 같은 소모품들, 쓰고 어디 뒀는지 기억도 안 나는데 마술처럼 늘 제자리에 놓여 있는 물건들(필요한 뭔가가 안 보이면 모두들 엄마에게 묻고, 엄마들은 대부분 그게 어딨는지 안다). 내가 직접 살림을 하기 전에는 이런 일들을 의식한 적도 없었다. 말 그대로 그림자 노동이었다. 아무도 신경 쓰지 않지만 저절로 되어 있는 일들. 그 모든 일 뒤에 엄마가 있다.

여성에게 이런 일들은 엄마를 통해 학습되고 이어진다. 그러니까 나는 엄마처럼 살 수도 없었고 그렇게 안 살 수도 없었다. 제도 교육에서는 여자와 남자가 대체로 평등하다고 가르친다. 하지만 우리 때만 해도 국민학교를 졸업하면 여중과 여고, 남중과 남고로 나눠 진학했다(심지어 국민학교 때도 고학년이 되면 남자반, 여자반으로 나누었다). 남자는 남자끼리 모여 공업과 기술을 배웠고, 여자는 여자끼리 모여 가정과 가사를 배웠다. 우리가 대학 입시를 치를 때 여자들은 시험 과목으로 가정과 제2외국어 가운데 하나를 선택해야 했다. 나는 반발감이 들어 제2외국어를 선택했다.

그런데 여기에는 이중 태도가 있었던 것 같다. 우리는 수업으로 요리나 바느질, 정원 가꾸는 법 등을 배우면서도 그 일들이 사람이 삶을 꾸려가는 데 꼭 필요한, 중요한 일이라고 생각하지 않았다. 그게 진지한 학문이 될 수 있다고도 생각하지 않았다.

고등학교 때 우리 가사 선생님은 서울대학교를 졸업한 분이었다. 대학교에 가정관리학과, 가정교육과라는 게 있다는 사실을 그분을 보고서 처음 알았다. 그게 대학씩이나 가서 배워야 할 일인가, 그 선생님은 어쩌자고 그런 걸 전공하셨을까, 서울대는 사정상 꼭 가야겠는데 다른 번듯한 학과를 가기에는 점수가 살짝 모자라 그런 선택을 하고만 것이 아닐까, 그때 우리 마음은 그랬다.

우리가 배우는 가정, 가사의 모든 내용이 우리가 선망하는 번듯한 직업이 될 수 없으며 가치 없는 일이라는 생각이 우리 안에 깊이 내면화되어 있었다. 동시에 군이 학교에서 배우지 않고도 할 수 있는 일, 여자라면 때 되면 저절로 알게 되는 일이라는, '본능' 혹은 '생물학적으로 적합한' 일의 영역에 놓여 있었다. 나는 엄마의 삶을 통해, 제도 교육을 통해, 관습을 통해 그런 일들은 결국 여자인 내가 해야 할 일이라는 걸 이미 알고 있었다.

엄마들은 딸들이 학교에 다니는 동안 집안일하는 것을 말린다. 공부나 하라고 한다. 그러나 그 말 뒤에 꼭 따라붙는 말이 있다. "이다음에 시집가면 지겹게 할 일인데." 이 말 속에는 가사노동이 여자인 너희들이 장래에 해야 할 일, 배우면 금방 하는 하찮은 일이라는 전제가 깔려 있다. 딸들은 이런 식으로 자기도 모르게 자기 존재의 값어치를 배운다. 아무리 잘나도 우리의 운명은 '아줌마'에 갇혀 있었다.

결혼 후 내가 맞닥뜨린 가사노동의 세계는 익숙하면서 낯설었다. 엄마가 하는 것을 보아왔고 나도 당연히 언젠가는 해야 할 일이라고 생각했다. 그런데 모두 새로 배워야 하는 일이었다. 잘하려면 다른 일과 마찬가지로 재능과 노력이 필요했다. 나는 가사노동에 유능해지려고 노력했다. 남편과 마찬가지로 밖에 나가 일을 했지만 새벽같이 일어나 아침밥을 지었다. 해마다 차례로 돌아오는 세시도 챙겼다. 정월

대보름이면 나물을 무치고 오곡밥을 지었고, 동지엔 팥죽을 끓였다. 철마다 제철 재료로 밑반찬도 준비했다.

청소나 정리는 그런대로 적성에 맞았다. 요리는 노력은 했지만 재능이 없는 편이라 썩 잘하지 못했다. 나는 가사일에 능숙하지 못한 것을 부끄럽게 여겼다. 그리고 아무리 잘해도 대외적으로 인정받지 못하는 일, 그냥 잘하는 게 기본인 것처럼 여겨지는 세태에 무력감을 느끼곤 했다.

가사노동에는 친정은 물론 시댁까지 확대된 가족을 돌보는 감정노동도 담겨 있었다. 정기적으로 안부를 묻고, 생일이나 제사 같은 가족 행사를 챙기고, 그때마다 적당한 이벤트를 마련해 예약하고 연락하고 하는 일은 대개 여자들 몫이었다. 『타임 푸어』를 쓴 브리짓 슐트는 이를 '혈연봉사kin work'라 불렀다.

나는 막내며느리라 이런 일들을 일일이 기획할 책임은 없었지만 막내로서 해야 할 '천진한' 역할을 맡았다. 그리고 엄마는 시집간 우리가 이런 걸 잘 하고 있는지 확인했다.

"안 하면 되지 않나?"

"그냥 무관심해지면 되잖아?"

이렇게 말할지도 모르겠다. 그러나 사회는 여성에게 청결에 대해, 집안일의 능숙도에 대한 기대가 더 크다. 이에 대해 『아내 가뭄』의 저자 애너벨 크랩은 "일반적으로 여성들은 집안일과 육아에 궁극적인 책임이 있다고 생각한다"고 말한다. 이런 생각이 남녀 사이에 다양한 형태로 무언의 압박을 가한다. 그리고 "여성들은 이런 사회적인 인식에 본능적으로 영향 받을 수밖에 없다."(애너벨 크랩,『아내 가뭄』, 황금진 옮김, 동양북스, 2016, 212-213쪽)

우리나라나 서양이나 남자들의 가사 무능력은 재미있는 이야깃거리다. '아이를 아빠에게 맡기면 안 되는 이유'라는 제목이 붙은 이야기 타래들을 보고 우리는 웃음을 터트린다(구글에 저 문장을 검색하면 정말 많은 웃기는 이미지가 보인다). 영어권에서는 '한낱 수컷일 뿐'이라는 가사 무능남에 대한 이야기들이 재밋거리로 소비된다(『아내 가뭄』에는 양상추 씻으랬더니 비누칠을 했다거나, 세탁기 돌리랬더니 옷은 안 넣고 정말 세탁기만 돌린 일화가 소개된다). 이런 이야기에 사람들이 웃는다는 건 하나의 징후다. 애너벨 크랩 말대로 "집안일을 하려다 실패한 남자의 이야기가 여전히 웃음을 자아낸다는 사실은 집안일을 여성이 능력을 발휘할 영역이라고 굳게 믿고 있다는 사실을 보여"주기 때문이다.

내가 어릴 때 무심코 내뱉은 "나 식모 시킬 거야?"라는 말에는 여성들을 이중 삼중으로 경멸하는 마음이 담겨 있었다. 나는 나중에 그런 일 할 사람이 아니라는 뜻은 물론이고 엄마가 하고 있는 그 일들이 별것 아니라는 뜻 또한 숨어 있었다. 그리고 (대부분이 여성일) 누군가를 대신해 그 일들을 감당하고 있는 (역시 대부분이 여성일) 모두를 낮춰 보는 마음도 나도 모르게 담았다.

이런 인식이 너무 오래, 다방면에서 쌓여왔기 때문에 하루아침에 바꿀 수 있으리라 생각하지 않는다. 실제로 대외적으로 인정받는 일을 하는 많은 여성이 자신들이 하는 '중요한' 일을 더 잘하기 위해 집안일 같은 '하찮은' 일을 대신하는 사람들을 여럿 두고서 그들을 '하찮게' 대접하는 현실을 안다. 또 반대로 밖에 나가 일하는 젊은 여성들의 집안일을 돕는 중년 여성들이 젊은 여성들에게 '오지랖' 부리는 걸 보면 불쾌해진다.

경제학과 사회학에서는 '사회적 재생산', '그림자 노동' 같은 이름으로 가사노동에 대한 오랜 연구가 있었고 이를 눈에 보이는 가치로 바꾸려는 시도를 해왔다. 여성들이 하는 가사노동의 가치를 매기는 데는 두 가지 방법이 있다. 하나는 대체 모델, 아내가 해야 할 일들을 다른 사람에게 맡길 경우 발생하는 비용을 계산하는 방법이다. 또 하나는 기회비용 모델, 직장인으로 일할 경우 받을 수 있는 급여, 즉 아내나 엄마로 살면서 잃은 비용으로 계산하는 방법이다.

이런 접근은 어떤 부분에서는 꽤 성공적이다. 이혼을 하게 됐을 때 실제로 경제활동을 하지는 않았지만 전업주부의 가사노동이 부부가 재산을 형성하는 데 얼마만큼 기여했는지 따지는 등 실제 법이나 제도에 이런 모델을 적용하기도 한다. 평생 전업주부였던 엄마도 이혼할 때 이런 변화 덕을 보았다. 하지만 여전히 나는 그게 딱 답인 것 같지 않다.

여성이 하는 일이어서 그 일이 하찮아진 건지, 그 일이 원래 하찮기에 남성보다 열등하다고 평가받아온 여성에게 배당된 건지는 모르겠다. 확실한 건 이 일을 누군가 무상으로 맡아 하고 있기 때문에 그 위에서 잉여 생산, 위대한 이론, 아름다운 예술이 탄생할 수 있다는 점이다. 더 과격하게 말한다면 세상이 가치 있다고 평가하는 모든 결과물은 무상으로 제공된 가사노동에 빚지고 있고, 진행 중인 세상의 모든 중요한 일이 아내, 어머니 혹은 다른 여성들의 가사노동에 빨대를 꽂고 있다.

경제학이나 사회학 영역에서 이 일에 가치를 매기는 게 답인 것 같지 않은 이유는 이 일에 '엄마의 일'이라는 영역이 존재하기 때문이다. 나는 가사노동을 엄마의 일로 보고 배웠다. 딸들은 가사노동의 기술, 가치, 태도를 모두 엄마에게서 배운다. 그리고 언제나 엄마들의 가사노동은 딸들보다 혹독하기에 딸들은 늘 엄마에게 패배한다.

세탁기도 온수기도 없어서 한겨울 개울가에서 손빨래를 했던 엄마들이 있었기 때문에 우리는 온수와 냉수가 섞여 나와 세제만 넣어주면 '뚝딱' 빨래를 해내는 세탁기를 쓰면서 뭔 할 말이 많냐는 말을 듣는다. 8남매, 10남매씩 아이들을 낳아 밭일 해가며 키운 엄마들이 있었기 때문에 아이 한둘을 기르는 어려움을 토로하면 비웃음을 당한다. 불 조절이 어려운 아궁이에 가마솥으로 밥을 지은 엄마들은 쌀에 물만 부으면 알아서 밥 해주고 다 되었다고 알려주기까지 하는 전기압력밥솥으로 밥을 하는 딸들이 삼시 세끼를 걱정하면 코웃음 친다. 한 집 건너 하나씩 포진한 식당에서 돈만 내면 한 끼 식사를 간단히 해결할 수 있다는 사실에 가끔은 딸들을 질투한다. 더 가혹한 환경에서 더 과중한 임무를, 아무런 치하 없이 당연하게 해온 엄마들에게 딸들은 철딱서니 없는 투정꾼일 뿐이다.

'좋은 엄마'의 모범적인 가사 노동은 엄마에게서 딸로 이어지며 가부장 전통을 굳건하게 만든다. 딸들의 가사노동은 남편, 아버지, 아들이 애틋하게 노래하는 거룩한 모성 신화에 의해 언제나 그 엄마들의 가사노동과 비교된다. 엄마들의 노동이 늘 신성한 이유다. 가정 안에 있으면 성스러운 일이 되지만 그 테두리 밖을 벗어나면 전혀 다른 일이 되는 가사노동, 그 사이의 간극은 딸들에게 바로 자신에 대한 이중적인 태도로 새겨진다. 고귀하거나 비천하거나.

박완서 그리고 나혜석

다행히 남은 자식들이 창의 불빛을 서로 확인할 수 있는 지척에서, 수프가 식지 않을 만한 이웃에서, 이 나라 끝에서 혹은 지구의 반대 방향에서 돌봐 주고 걱정해 주어 살아가는 데 힘이 돼 주고 있다. 나는 자식들과의 이런 멀고 가까운 거리를 좋아하고, 가장 멀리 우주 밖으로 사라진 자식을 가장 가깝게 느낄 수도 있는 신비 또한 좋아한다. 무엇보다도 나에게 남겨진 자유가 소중하며 그 안에는 자식들도 들이고 싶지 않다.

박완서, '남편과 아들을 가슴에 묻고', 자전 에세이 나의 길 47, 〈동아일보〉 1991. 3. 10.

소설가 박완서 선생님을 존경하고 그분 작품을 사랑한다. 그럼에도 가끔 글을 쓰거나 창작을 원하는 여성들의 삶에 박완서 선생님께서 끼친 해악(!)에 대해 생각하곤 한다. 해악이라는 말은 농담이면서도 어느 만큼은 진심이다.

박완서 선생님은 그 세대 여성치고도 아이를 많이 낳아 키웠다. 박완서 선생님께서 아이들을 이렇게 키우겠다고 따로 목표를 정해 시간과 노력을 들이셨을 거라고는 생각하지 않지만 외적으로 보아도 자식 농사를 잘 지으셨다. 박완서 작가의 큰따님이신 호원숙 선생님 회고에 따르면, 작가가 되기 전 박완서 선생님은 식구 많은 집 안주인으로서 집안에 소소하게 일어나는 모든 일을 척척 해결했다. 때로는 가정의로 아이들의 크고 작은 잔병치레에 대처했고, 숙제로 내준 프랑스 자수를 망쳐 곤란을 겪는 큰딸의 숙제를 야무진 바느질로 해결해주었다. 가을부터 여섯이나 되는 가족들의 속바지를 뜨개질로 떠 겨우내 따뜻하게 입혔다. 그 아이들이 어느 정도 컸을 때, 남편의 공장으로 점심을 해다 나르며 공장 2층 방에서 첫 작품 「나목」을 썼다. 그의 나이 마흔이었다.

이 작품을 〈여성동아〉에서 주최한 '여류 장편소설 공모'에 응모했는데, 심사위원들이 자기 글을 읽기만 하면 당선될 거라고 생각해서 원고가 분실되지 않도록 큰따님을 시켜 직접 전달하라고 했다. 그만큼 자기 실력에 자신감도 컸다. 〈여성동아〉에서 당선 소식을 알리러 집에 찾아가 당선될 줄 알았느냐고 묻자 "될 줄 알았어요. 여자들끼리 경쟁인데요" 하고 답했다. 그뿐인가. 글만 써서는 먹고살기 힘들다는 전업 소설가의 세계에서 대개의 책들이 베스트셀러가 됐고 판권이 팔려 영상화된 소설도 여럿이다.

등단 후에도 박완서 선생님의 생활은 크게 달라지지 않았다. 「나목」도 식구들이나 이웃들에게 표시도 안 내고 어느 날 갑자기 완성했듯 등단 후에도 선생은 여전히 식구들의 저녁 밥상을 차리기 위해 무거운 장바구니를 들고 저녁마다 시장과 집을 오갔다. 치매에 걸린 시어머니를 20년 동안 직접 수발하면서도 작품을 끊임없이 발표했다. 한국전쟁 중에 비극적으로 남편을 잃은 올케가 마흔아홉에 갑작스레 세상을 등지자 선생은 친정어머니와 외조카들도 돌봤다.

물론 선생님에게는 돌아가시기까지 35년 넘게 아내를 다시없는 귀한 사람으로, 사랑과 존중으로 대한 남편이 있었다. 선생님은 그런 남편 병구완을 가족과 함께 2년 동안 했다. 남편이 임종을 얼마 남기지 않고는 혹시 잠든 사이에 돌아가실까 봐 잠도 주무시지 않았다. 그런 남편과 사랑했던 아들을 한 해에 연달아 잃는 고통을 겪으면서도 아들의 장례가 치러지는 동안 아들의 묘비명을 손수 썼다.

아이 둘을 키우면서 기진맥진했던 나로서는 아이 다섯을 키우고 친정엄마와 시어머니를 봉양하면서 뒤늦게 자신만의 세계를 만들어낸 박완서 선생을 존경하면서도, 보통 사람들이 이르기 어려운 어떤 경지를 너무 쉽게 성취한 듯 보여서 이질감을 느낀다. 젊은 시절 전쟁의 참혹한 기억은 그렇다 치고, 건사해야 할 식구가 많아 바람 잘 날 없었던 세월에도 박완서 선생님은 생기와 낙관을 잃지 않았다.

아이들을 잘 키우고 살림도 잘하면서 시어머니 친정어머니도 정성껏 모시고, 글도 잘 쓰는 작가. 등단한지 15년 만에야 겨우 집필실을 갖게 된 작가. 사람들은 박완서 선생님을 생각할 때 어머니로서도 완벽한 삶을, 작가로서도 훌륭한 삶을 살아낸 분이라고 생각한다. 예술가는 본래 어머니가 상징하는 세계와는 양립하기 어려운 세계를 산다. 엄마는 도덕의 수호자로 안정을 상징하지만 예술가는 도덕을 파괴하고 사회를 뒤흔들어 도리어 도덕을 사유하게 만드는 역할을 해야 하기 때문이다.

엄마 역할을 훌륭히 해낸 예술가들에게 사람들은 위협을 느끼지 않는다. 어머니 역할을 비롯해서 전통적으로 여성의 일로 여겨지는 일을 잘 못하거나 그 질서에서 벗어난 여자들을 우리 사회가 얼마나 부당하게 대접해왔던가? 여성 예술가가 드문 시기에 자기 세계를 구축해 인정받고 여성으로서 자신의 삶을 이야기하려 부단히 애쓴 여성 예술가들이 어떤 홀대를 받았는지 기억한다면, 여성에게 예술가란 엄마와 아내로 역할을 다한 후에야 간신히 허락되는 이름인 듯하다.

이제야 조금씩 조명을 받고 있는 화가 나혜석이 대표적이다. 여성의 교육은 오로지 살림 기술과 부덕婦德을 갖추는 것에 머물러 있던 시절, 그는 고등학교를 최우등으로 졸업하고 일본에 유학해 서양화를 배웠다. 유학 시절에는 우리나라의 가부장제와 전통적 현모양처를 비판하는 소설과 글을 매체에 기고했다. 여성 유학생 조직을 만들어 동인지를 펴내면서 여성들의 사회 참여를 적극 주장했다. 한국에 돌아와서는 독립운동을 하다 투옥되기도 하는 등 관습에 저항하는 한편으로 시대를 호흡하며 자신의 삶에 치열했다.

그러나 그런 나혜석을 빼어난 화가, 시대를 앞서간 여성 문인으로 기억하는 사람은 별로 없다. 세상은 그를 외도를 저질러 이혼 당한 주제에 연애와 결혼, 이혼의 사정을 소상히 밝힌 '이혼고백서'를 매체에 실은 뻔뻔한 여자, 화가로도 교육자로도 실패하고 궁핍하게 세상을 떠돌다 행려병자로 죽어 '죗값을 받은' 여자로 기억한다.

그는 결혼을 하고 아이를 낳는 삶의 국면마다 자기 자신에 대해 솔직하게 성찰했다. 외교관인 남편을 따라 만주에서 5년을 지내고 유럽 등지를 2년 동안 여행한 후 자신이 느낀 것들, 의문을 품었거나 깨달은 것들을 모두 기록으로 남겼다. 두고 떠나온 아이들에 대한 그리움, 세상의 멸시와 조롱, 경제적 빈곤과 병고에 시달린 나혜석의 말년을 생각하면 도대체 나혜석의 죄는 무엇일까 생각하게 된다.

사람들이 상상하는 기혼 여성 작가, 예술가는 어떤 모습일까? 아침 일찍 일어나 따뜻한 밥을 지어 아이와 남편에게 차려 먹이고 아이와 남편이 학교, 직장에 가고 나면 청소를 안팎으로 마치고 커피 한 잔과 함께 볕 잘 드는 혹은 빗소리가 은은하게 들리는 창가에 앉아 노트북을 펼치는 작가, 아이들과 남편이 돌아오기 전까지 일을 마치고 다시 앞치마를 두르고서 아이들과 남편을 맞는 아내.

소설가든, 예술가든, 드라마 작가든, 평범한 회사원이든, 여성이라는 존재는 오랫동안 가정과 따로 떼어 평가 받지 못했다. 훌륭한 아버지였던가 아닌가, 평화로운 가정의 지킴이였던가 아닌가와 함께 성취를 평가 받은 남성 예술가나 남성 관리자가 있었던가.

일을 하는 아내는 어떨까? 남편보다 돈을 훨씬 더 많이 벌어서 가계 소득을 더 늘리면 달라질까? 천만의 말씀이다. 애너벨 크랩이 『아내 가뭄』에서 인용한 자료에 따르면 평균적으로 여성은 가계 예산에 1퍼센트를 더 기여할 때마다 집안일을 일주일에 17분씩 덜했다. 하지만 이러한 패턴은 여성이 가계 총소득에 기여하는 정도가 66.6퍼센트에 도달할 때까지만 유효했다. 그 이상 돈을 많이 벌면 여자는 다시 집안일을 늘렸다. 여자가 남편보다 돈을 더 많이 벌어서 성역할 등식이 뒤집힐 때, 여자들은 균형을 잡아보려고 가사일에 더 헌신한다. 성역할 일탈에 대한 보상이다.

그래서 일을 하고 싶은 여자들은 집에서도 할 수 있는 일을 찾는다. 사람들 상상 속 여성 작가는 그런 점에서 완벽한 여자의 일로 보인다. 옛날에는 펜이랑 종이만 있으면 되었고, 지금도 컴퓨터 한 대만 있으면 된다. 그러나 여성 작가들은 제 할 일을 다 하고 아이들과 남편이 잠든 밤이 되어서야 식탁 위에 램프를 켜고 자기만의 세계를 짓는다. 어디까지나 엄마와 아내로 해야 할 일을 다 하고 난 다음에야 작가라는 자격을 가질 수 있다.

이것도 배부른 소리일지 모른다. 2000년대 초반에 지식인 남성들은 당시 주류 페미니즘을 두고 비난했다. '중산층 인텔리 여성들이 성적 억압의 더 분명한 피해자인 하층 계급 여성의 고통을 이해하지 못하고 그 고통을 이해하려고도 하지 않은 채 배부른 개소리나 하고 있다', 그런 이유였다. 그들은 몰랐다. 중산층 인텔리 여성이든 하층 계급 여성이든 그들 모두 여성이라는 사실을, 가사노동과 성적 대상화라는 공통 기반을 가졌다는 사실을.

박완서 선생님은 삶에서 경험한 모든 것을 썼다. 종종 터무니없고 뻔뻔한 사람들을 만나면 그 자리에서 화를 내는 대신 그 사람을 소설 속에 천하의 나쁜 사람으로 등장시켜 복수했다. 치매에 걸린 시어머니를 모시는 일의 힘겨움을 썼고, 친정엄마와의 갈등을 썼다. 어느 인터뷰에서는 여자이기 때문에 학력의 고하나 신분을 막론하고 여자가 당하는 불평등과 모순에 대해 근본적으로 문제의식을 느낀다고 답했다. 박완서 선생님은 결혼 생활에서 상당한 대우를 받았음에도 여자이기 때문에 태어나면서부터 당하는 경험에 문제의식을 느꼈다. 여성은 자신의 체험만으로도 여성 문제에 대해 어떤 남성보다 잘 쓸 수 있다.

중산층 페미니스트라는 건 따로 있지 않다. 스탠퍼드 경영대학원 최초의 여성 교수 마이라 스트로버는 경제학 학회 패널로 초청 받자 남편에게서 아이는 자신이 돌볼 테니 걱정하지 말라는 격려를 받았다. 그러나 학회로 떠나기 전 스트로버는 "사흘 치 저녁 식사를 준비해 냉장고에 넣어두었다.

〔그의 남편이 말하는〕'아이들을 돌보는 일'에 아이들 저녁 식사 요리는 포함되지 않았"기 때문이다(마이라 스트로버, 『뒤에 올 여성들에게』, 동녘, 2018, 215쪽). 『아내 가뭄』에도 저자 크랩이 겪은 똑같은 일화가 나온다. 스트로버의 공부를 지지해주던 남편은 그로부터 20년 후, '자신이 아내에게 원하는 것은 조력자지, '남자의' 게임을 하려는 사람이 아니라는 것을 깨닫고' 이혼을 요구했다. 그런 과정을 겪고서 스트로버는 여성에게 더 나은 세상을 만드는 데 일조하기로 마음먹는다.

주부나 엄마로 살면서 다른 일을 한다는 건 물리적으로도 쉽지 않지만 사회적 편견이나 불합리한 기대 때문에라도 쉽지 않다. 나는 그들이 더 많은 이야기를 들려주길 바란다. 특히 엄마가 되는 일은 오로지 여성이기 때문에 가능한 일이다. 엄마도 글을 쓸 수 있고, 예술가가 될 수 있고, 다른 모든 일을 할 수 있다. 그들의 예술은 다른 사람의 결과물과 다르고 그것은 이 세계를 더 풍요롭게 만든다.

세 아이의 엄마이자 SF의 거장인 어슐러 르 귄, 역시 세 아들을 키우고 시와 산문을 쓴 에이드리언 리치 같은 이들이 들려주는 이야기는 자신이 엄마임을, 여성임을 분명하게 자각하고 쓰는 이야기다. 물론 이들처럼 아내와 엄마 노릇을 훌륭하게 해내면서 사회적 성취도 이룬 사람에게 유난히 환호하는 세상이 아내나 엄마 노릇에 소홀한 여성들을 비난하고, 그 일을 다한 후에야 다른 일의 자격을 허락하도록 내버려두어서는 안 되겠다.

여성이라는 이유로 이름조차 남길 수 없었던 시대에 여성은 엄마가 됨으로써만 겨우 사회 구성원이 될 수 있었다. 신사임당 같은 불세출의 예술가도 아들이 율곡 이이였기 때문에 겨우 역사에 남았고, 위대한 시인 허난설헌도 오빠가 허균이었기 때문에 우리에게 이름이라도 전해질 수 있었다.

내가 기억하는 엄마는 아내와 엄마로 쉼 없이 일하는 사람이었다. 그런 엄마에게 엄마나 아내가 아닌 한 인간으로 한 점 자유가 있었다면 좋았을 거라 생각한다. 언제든 달려갈 수 있는, 누가 뭐라든, 인정을 받든 못 받든, 자기 자신이 될 수 있는 세계가 있었다면 엄마 삶도, 딸인 내 삶도 더 평화로웠을 거라고

---

* 이 글에서 다룬 박완서 선생에 대한 일화는 박완서·김영현·권명아, 『우리 시대의 소설가 박완서를 찾아서』(웅진지식하우스, 2002)를 참고했다.

엄마와 아내라는
이름 말고

그동안 사회적 또는 미적 연대나 타인의 인정을 가장 얻지 못한 예술가는 주부 예술가들이었다. "지칠 줄 모르는 보살핌", 그게 아니면 최소한의 지친 보살핌조차 요구하지 못하고 자기 예술작품뿐만 아니라 자신에게 의존하는 아이들까지 책임져야 하는 사람은 풀타임 일자리 두 개를 떠맡는 것과 다름없으며 그건 현실적으로 불가능할 뿐만 아니라 파괴적이다.

어슐러 르 귄, '지금 이모랑 낚시하러 가도 돼?', 『분노와 애정』, 어슐러 르 귄 외 지음, 모이라 데이비 엮음, 김하현 옮김, 시대의창, 2018, 246쪽 우리나라에 작가 박완서가 있다면 미국에는 어슐러 K. 르 권Ursula Kroeber Le Guin의 어머니 테오도라 크로버Theodora Kroeber가 있다. 크로버는 세 번 결혼해 세 번 성이 바뀌었고, 성이 다른 네 아이를 낳았다. 르 권은 여성 작가가 된다는 건 단순히 작가 하나가 되는 게 아니라 '다양한 책임을 져야 하는 복잡한 과정'이라고 썼다. 테오도라는 그 네 아이들을 다 키워 결혼시키는 책임의 과정을 다 거치고 난 50대 후반이 되어서야 글을 쓰기 시작했다.

처음에는 남자들과 경쟁하지 않는 '안전한 가정 영역'에서 동화책 등을 썼다. 그 후 아메리칸 원주민 대학살에서 살아남은 야히족 원주민 이시Ishi 이야기를 써달라는 요청을 받고 『이시Ishi in Two Worlds』를 썼다. 역사적 사실을 엄정하게 고증해야 했으니 엄청나게 방대한 조사가 필요했고, 주제가 주제인 만큼 민감한 도덕적 감수성도 필요했다. 그런 이 책으로 테오도라는 작가로서 성공했고, 이 책은 지금도 캘리

포니아 여러 학교에서 교재로 쓰일 정도로 사랑받고 있다.

르 귄은 엄마가 작가가 된 후, 글을 쓰고 싶었는데 오빠들과 자기를 해치울 때까지 미룬 거냐고 엄마에게 물은 적이 있다. 테오도라는 웃음을 터뜨리며 아직 준비가 안 되었던 것뿐이라고 답했다. 르 귄은 그게 회피나 부정직한 답은 아니라고 생각했지만 정확한 답도 아니라고 느꼈다. 죽을 때까지 계속 글을 쓴 르 귄의 엄마는 80대가 되어 딸에게 "쓰라린 기색 없이" 좀 더 일찍 글을 쓰기 시작했으면 좋았을 텐데 이제 시간이 얼마 남지 않았다고 말했다고 한다.

나는 르 귄이 '쓰라린 기색'을 구태여 이 문장 안에 집어넣은 마음을 어쩐지 알 것 같다. 르 귄은 생각한다. 60대에 『이시』를 쓴 엄마가 서른에 쓸 수 있었을 글은 어떤 글이었을까? 엄마가 그때 글을 쓰기 시작했더라면 자신과 오빠들은 비참한 어린 시절을 보냈을까? 세 아이를 낳고 책 스무 권을 쓴 자신은 네 아이를 낳고 세 번째 소설을 쓰던 중 돌아가신 엄마보다는 조금 더 나아진 것일까?

르 귄의 회상 속 엄마는 교수, 의사, 차량 정비사, 푸줏간 주인 등 거의 모든 남자에게 관심을 받을 정도로 매력적인 여자였고, 온화하고 다정하고 활기 넘치는 최고의 엄마였다. 또 한편으로 글을 쓰는 딸과 함께 글쓰기의 즐거움과 괴로움, 지적 자극에 대한 이야기를 함께 나눈 동료 작가이기도 했다. 테오도라는 여자이면서, 엄마이면서, 글을 쓰기 시작한 후 죽을 때까지 한 번도 멈춘 적이 없는 작가였다.

엄마 테오도라의 삶은 작가 르 귄에게 영향을 끼쳤을 것이다. 재능도 재능이고 엄마가 삶으로 보여준 것들도. 가령 아이들이 다 자랄 때까지 자신이 하고 싶은 일을 '쓰라린' 마음 없이 준비하며 기다린 일 같은 것. 딸에게는 아직 준비가 되지 않았기 때문이라고 했다지만 80대가 되어 '좀 더 일찍 쓰기 시작했더라면' 했던 엄마의 마음을 르 귄이 몰랐을 리 없다.

스스로 자유롭게 태어났고 그렇게 자랐다고 썼지만 르 귄은 고백했다. 관습을 뒤엎을 때조차도 스스로를 속이고 있었다는 사실을, 가부장 이데올로기가 스스로에게 내면화해 있었다는 사실을. 르 귄은 공상과학, 판타지, 청소년 소설이라는 변두리 장르를 선택한 것이 이 분야가 비평과 학계, 규범의 감시에서 배제되어 예술가를 자유롭게 놔두기 때문이었다는 사실을 깨닫는 데만도 수년이 걸렸고, 이것이 정치적 문제임을 자각하기까지 또 10년을 보냈다.

스스로를 속였고, 규범의 감시에서 벗어난 장르에서 비교적 자유롭게 글을 썼고, 아내의 일에 호의적인 교수 남편의 지원 아래 있었던 르 귄에게도 아이 셋을 낳아 키우며 글을 쓰는 일은 도전이었다. 결혼한 여자들이 아내와 엄마이면서도 어느 한 부분은 나 자신이고자 하는 마음, 다른 사람의 요구에 민감하게 귀 기울이고 반응하는 대신 자신이 뭘 원하는지 행하려는 마음을 갖는 것은 일탈일까?

돌이켜보면 엄마 또한 뭐든 해보려 했다. 대가족의 삼시 세끼와 일상을 챙기고, 관사 마당에 부지런히 상추, 파, 무, 고추를 심어 가꾸고, 수도 시설이 여의치 않은 섬에서 동네 우물에서부터 언덕 위 집까지 물지게를 져 나르는 분주한 삶을 꾸리면서도 틈틈이 뭐라도 하려고 했다.

엄마는 음식 솜씨도 좋았고 바느질도 잘했다. 일머리가 좋은 편이라 일을 빨리 배우고 요령도 금방 익혔다. 우리가 이사 다닌 여러 곳에서 엄마는 형편 닿는 대로 일을 배웠다. 경기도 여주에서는 관사 너머로 한복집이 있어 한복을 배웠다. 남자 한복 바지나 버선 같은 것은 단순한 편이라 더러 주문 받은 것을 대신 만들어주고 적은 돈을 받기도 했다. 그때 우리 방에는 늘 반드르르 윤기가 흐르는 옥색, 분홍색 공단 쪼가리들이 널려 있었고, 엄마 머리에는 실 토막들이 걸려 있었다.

이른바 '홈패션'이 유행할 때는 커튼을 만들었고, 학원 가방 만드는 기술을 열심히 익혀서는 피아노 학원을 하는 사촌 언니네 학원에 학원 가방과 피아노 덮개를 재료비 정도를 받고 만들어주었다.

한번은 바이올렛 꽃을 부지런히 키웠다. 어딘가에서 화분을 하나 얻어 왔는데, 그 이파리 하나를 사선으로 잘라 물컵에 담아두면 쉽게 뿌리가 생겼다. 뿌리가 돋아난 이파리를 화분에 옮겨 심으면 금방 꽃이 피었다. 얻어 온 것, 사 온 것에 그렇게 이파리 하나로 키운 것들까지 집 안은 분홍색, 보라색, 흰색 바이올렛 화분으로 가득 찼다.

집안일을 하면서 짬을 내 해야 하는 일이었기에 늘 허덕이면서도 그런 일들을 하고 있을 때 엄마에게서는 종류가 다른 생기와 집중력이 느껴졌다. 예쁘고 고운 것, 그렇게 자라는고 그만큼 기쁨이 되는 것들. 거기 어디쯤에 엄마가 하고 싶은 것이 있었겠지. 그러나 어떤 일도 오래 지속하거나 완성하지 못했다. 어른이 된 후 나는 엄마가 젊었던 시절 언뜻언뜻 자신이 원하는 자신을 구현해보려 했던 순간들을 알게 될 때마다 안타까웠다.

그런 일들 가운데 어떤 하나에 집중했더라면 엄마는 그 분야에서 어느 정도 성취를 이루지 않았을까. 적어도 스스로를 벌어 먹일 정도는 되지 않았을까. 그랬다면 아빠의 그늘로부터 더 일찍 떠날 자신감이 생기지 않았을까. 하지만 정말 그랬다면 우리의 어린 시절은 비참해졌을까. 그렇다면 결국 그걸 시도할 수 없게 만든 가장 큰 제약은 바로 '우리'였을까.

엄마는 세계를
가족 안에 지었다

마흔 살이 넘은 지금까지도 과연 잘할 수 있는 일을 하고 있는 걸까 툭하면 의심에 빠져드는 나에게도 위로가 되는 말이었다. 의심이 들 때면 그냥 머리를 파묻고 꾸역꾸역 하면 된다. (…) 계속하는 것과 열심히 하는 것은 다른 종류의 문제다. 계속 하다 보면(언제나 열심히는 아니더라도) 그것만으로 이르게 되는 어떤 경지가 있다. 당장의 '잘함'으로 환산되지 않더라도 꾸역꾸역 들인 시간이 그냥 사라져버리는 않는다(고 믿고 싶다.)

제현주, 『일하는 마음』, 어크로스, 2018, 127쪽

대단한 일을 할 정도로 탁월한 재능을 타고 나지 못했지만 나는 내가 할 수 있는 일을 하고 그 일을 잘하면서 살고 싶었다. 그게 엄마나 아내 노릇을 하는 것만으로 충족되지 않으리라는 것도 알고 있었다. 자식들에게 거는 기대나 주위 사람들로부터 인정받고 싶은 마음 때문에 엄마가 스스로 불행해지고 우리 형제들과 주위 사람들에게 부담이 된 것을 지켜보면서 더더욱 그런 확신이 생겼다.

자기 자신이 되기 위해 얼마나 많은 시도를 했든, 엄마는 결국 엄마 혹은 아내가 되었다. 이혼을 하고 아내의 자리를 잃자 엄마에겐 자식들인 우리만이 남았다. 엄마는 자식들이 이룬 것들, 이룰 것들을 자신의 삶이라고 생각했다. 아직 우리가 엄마의 그늘 밑에서 착실한 자식들로 사는 동안 엄마는 그나마 자기 삶을 자랑스러워했다. 하지만 엄마의 자식들은 생각보다 대단한 사람이 되지 못했다. 다들 평범한 삶을 살아가느라 바빠 엄마를 신경 쓸 새가 없다. 그게 엄마한테는 속상한 일이었다. 엄마는 씁쓸하게 중얼거리곤 했다.

"너희 대학 다닐 때가 제일 좋았지. 그때가 내 황금기였어."

엄마는 아직 젊었고, 자식들이 그래도 남들이 이름을 들어본 대학에 들어갔다는 게 자랑이었다. 친척 아이들 입시가 끝나면 "이름도 못 들어본 대학이란다" 하고 의기양양해하곤 했다. 그때 엄마에게는 남편이 있었고, 자식들이 이름 들어본 대학에 다녔고, 독립하지 못한 아이들에게 엄마는 절대적인 존재였으니까. 다복한 정상가족 안에서 아이들은 가능성을 품은 채 무럭무럭 자라고 있었다.

그러나 우리는 모두 엄마가 기대한 만큼 되지 못했고, 엄마는 누구 집 아이는 의사라더라, 이번에 검사랑 결혼한다지, 병원 개업해서 부모한테 아파트를 사줬다던데, 다른 집 자식들이 돈으로 마음으로 엄마에게 어떻게들 효도하는지 이야기하며 아무도 신경 써주지 않는 자신의 처지를 푸념처럼 늘어놓기 일쑤였다.

자식이 보내준 해외여행, 자식이 모두 모여 함께한 식사와 여행 이야기들. 그런 이야기들은 오랫동안 나를 괴롭혔다. 엄마는 종종 우리들에게 말했다.

"내가 너만큼 배웠으면 너처럼은 안 산다."

이 말은 들을 때마다 상처가 됐다. 그러잖아도 달리고 있던 내게 채찍이 되기도 했고, 엄마보다 더 많은 것을 누렸으면서도 제 몫을 다하지 못해 엄마에게 보답을 하지 못하고 있다는 죄책감으로 이어지기도 했다. 그 말을 하는 엄마의 마음속에는 무엇이 있었을까? 자신이 누리지 못한 것을 다 누렸으면서도 기대에 미치지 못한 딸에 대한 질투와 실망이 있었을까?

번듯한 자식과 잘난 남편과 자신을 치장한 모든 것을 다 떼어냈을 때 거기에 남은 것은 무엇인가? 과연 엄마의 그 모든 것을 떼어낸 엄마의 삶은 무엇이었을까? 어쨌든 엄마의 집에서 남편은 사라졌고, 아이들은 가능성이 닫힌 채 출가했다. 엄마의 집은 텅 비었고 엄마는 혼자 남았다. 텅 비어 있는 존재. 세상과 모든 타인의 욕망만이 투사되어 있는 존재. 그래서 자신을 되비추는 다른 것들로 치장해야만 오로지 보이고 느껴지는 존재.

나는 엄마를 떠올릴 때마다 그렇게 안이 텅 빈 사람을 떠올린다. 그리고 그 모습은 때로 내 미래와 암울하게 겹쳐졌다. 엄마처럼 되지 않으려고 나는 결혼을 하고 아이를 낳은 후에도 나로 남기 위해 안간힘을 썼다. 막상 해보니 쉬운 일이 아니었다. 나보다 훨씬 뛰어난 여자들도 결혼과 임신과 육아에 부러지고 부러지고 또 부러졌다. 대단한 재능이 없는 나 같은 사람이 작게나마 자부심을 가질 정도로 세상의 인정을 얻으려면 어떤 일이든 지속할 시간과 몰입의 깊이가 필요했다.

그러나 내 일에서 인정을 얻기도 전에 결혼 때문에, 임신 때문에, 육아 때문에 경력을 이어갈 수 없었다. 나도 경력이 무르익을 즈음 직장을 포기하고 살림과 육아를 병행할 수 있는 일로 전환했다. 임신과 출산과 육아를 축복이라고들 했지만 한편으로 나는 상실감을 느꼈다. 그 상실감은 아이들이 자라는 순간순간을 함께한다는 만족감으로 메워지는 게 아니었다. 그 만족감과 이 상실감은 서로 대체 가능한 감정이 아니었다.

나는 그날그날 해치워야 하는 일로 매일 허덕거리는 두 아이의 엄마였다. 한 번 경력이 단절되자 그걸 잇기가 어려웠다. 기회가 아주 없지는 않았다. 그러나 매번 아이와 가정을 선택했다. 조직 안에서는 나를 대체할 인력을 찾을 수 있지만 가족 안에서는 나를 대체할 사람이 없을 거라는 짐작, 아이들의 중요한 순간을 함께하고 싶다는 바람 때문이었다. 더 큰 이유는 가족 안 '여자'에게 사회가 기대하는 바였다.

여자가 벌어봤자 아이 양육비나 가사도우미 비용으로 내고 나면 남는 게 없다는 계산은 여성들이 직업과 경력을 포기하고 살림이나 육아를 선택하게 만드는 가장 중요한 요인이다. 그러나 직업을 포기한 여성은 미래의 기회를 포기한 것이다. 또 다른 기회를 열어주었을 직장 내 인간관계와 인맥을 포기한 것이다. 여성들이 단념하는 건 단지 월급이 아니다.

나는 관습적인 기대를 저버릴 만큼 전복적인 사람이 아니었다. 결국 내가 선택한 것임에도 어쩔 수 없이 쓸쓸한 마음이 들었다. 나와 똑같은 어려움을 겪으면서도 타의든 자의든 그것을 이겨내고 자기 분야에서 성취를 이룬 친구들이 있다. 친구들을 보면서 내가 포기한 그 길을 그냥 갔더라면 지금쯤 나는 어떻게 됐을까 생각해보곤 했다. 스스로 재능과 능력을 의심하지 말고 꾸역꾸역 해보았으면 어땠을까 자꾸 생각하게 됐다.

엄마와 달리 내게는 사회로 이어진 통로가 어쨌든 있긴 있었다. 시간이 지날수록 그 통로가 좁아지고, 험난해지고, 경력이 부러질 때마다 점점 더 내가 해온 일과 할 수 있는 일들에서 멀어져 자신감을 잃어갔지만 말이다. 오로지 엄마와 다른 시대에 태어났기 때문이었다. 나는 그제야 엄마가 일을 했으면 어땠을까 하는 게 얼마나 말도 안 되는 생각이었는지 깨달았다.

엄마는 직업이나 일을 위한 훈련, 교육을 받은 적도 없었다. 여자가 사회에서 할 수 있는 일도 별로 없는 시대였다. 게다가 결혼하자마자 고향을 떠나 타향으로만, 그것도 1년에 한 번씩 이사를 다녔고 엄마가 낳아 키운 아이는 넷이었다. 관사에서 산다는 건 아버지가 삼시 세끼를 집에 와서 먹는다는 뜻이었고 매 끼니를 엄마가 차려야 한다는 뜻이었다. 피붙이든 이웃이든 도와줄 사람 하나 없이 하루 종일 대가족의 밥과 반찬을 하고 아이들을 돌보면서 다른 일도 한다는 건 비현실적인 일이었다.

엄마는 우리가 다 자랄 때까지 몸무게가 50킬로그램을 넘은 적이 없었다. 살이 붙을 새 없이 이사를 다니고, 텃밭을 가꾸고, 물지게를 져 나른 덕분에 아빠 월급 거의 대부분을 저축할 수 있었고, 서울도 아니고 융자를 끼긴 했지만 아이 넷을 키우면서도 수도권에 아파트를 마련할 수 있었다.

아빠는 툭하면 그런 엄마를 돈 한 푼 안 벌어오고 집에서 놀기만 하는 사람 취급했다. 엄마가 외출하는 것도 싫어하는 사람이었으면서. 엄마 역시 이런 대우가 뭔가 부당하다고 느꼈다. 그러나 마땅히 할 말을 찾지 못했다.

엄마에겐 실체가 없는 자기 자신이 아니라 자신에게 주어진 아내, 엄마로 인정받는 일이 더 절박했으리라. 그런 역할로 인정받기에도 시간과 에너지는 부족했을 테니까. 엄마가 아빠와 헤어지고 난 후에 나는 어느 정도 후련했다. 엄마도 이제 엄마만의 삶을 찾을 수 있겠지 하고.

젊은 시절에 남편의 온갖 악행에 시달렸던 아내가 나이

들어 조강지처 품으로 돌아온 남편과 편안하고 행복한 노후를 보냈다는 전설 아닌 전설이 많다. 병들고 돈 없고 젊음까지 잃은 채 돌아온 남편을 지극정성 섬기며 늙은 남편을 젊은 날 고생의 보상이라 여기는 숱한 할머니들을 봤다. 그들은 젊은 시절 남편이 떠돌던 여자들에게 그것 보라며 득의양양 으스대기까지 했다. 그러나 아마 그보다 더 많은 여성이 남편의 학대에 시달리다 끔찍한 최후를 맞거나 경제적 이유 혹은 다른 이유로 이혼도 못한 채 죽을 때까지 고통을 겪을 것이다.

너무 비관적인 생각일까? 물론 부부가 다정하게 편안한 노후를 보내거나 혼자서도 풍요롭게 살아가는 경우도 있을 것이다. 혹은 다른 형태로도. 하지만 엄마 세대 여성들에 비해 엄마는 운이 좋은 편이라고 생각한다. 엄마는 어쨌든 (살아서) 아빠를 떠날 수 있었다. 네 남매 가운데 셋이 자립해 결혼까지 한 뒤였고 아직 미혼이긴 했어도 막내도 성년이었다. 엄마는 자기 할 일을 다 잘해냈다.

그래서 엄마가 아빠를 떠났을 때 괴롭히거나 속박하는 남편도, 돌봐야 할 자식도 없이 홀가분하게 자신만을 위해 살면 좋겠다고 생각한 것이었다. 지나간 세월이야 어쩔 수 없고 자신이 하고 싶었던 것을 이제라도 찾으면 좋겠다고도 생각했다. 노래를 배워도 좋고, 춤을 추어도 좋겠고, 노인들을 대상으로 영어를 가르치거나 컴퓨터 사용법을 가르치는 곳도 있으니 그런 곳에서 새로운 친구도 사귀고 삶에 보탬과 즐거움이 될 배움도 좀 얻게 되지 않을까 기대했다.

어떤 이유로든 엄마가 포기하고 만 욕망이 있었을 것이다. 엄마는 눈썰미가 있고 감각이 좋은 만큼 싸구려를 싫어했고 제대로 만들어지지 않은 모든 것을 못 견뎠다. 엄마는 섬에 살 때도 '재키'라는 인천 번화가 양장점에서 최신 유행 옷들을 맞춰 입었다. 엄마는 파격적인 사람은 아니었지만 종종 대담했다. 나는 엄마의 맞춤옷에서 '바바리코트'를 처음 보았고, 어떤 옷이었는지 디자인은 정확하게 기억이 안 나지만 아주 단순한 진초록 옷을 보고 어린 마음에도 멋지다고 생각했다. 그런 엄마가 시도했으나 지속하지 못한 수많은 일들이 있었을 것이다.

늙은 엄마에게 새로운 시작은 어려운 일이었다. 왜 아니겠는가? 엄마는 새로 무언가를 시작하고 시도하는 대신 자신이 수십 년간 노력을 들인 것에서 성과를 얻고 싶어 했다. 그게 자식이었다.

엄마는 결코 무능하지 않았다, 아니 무능할 수 없었다. 엄마의 세계를 가족 안에 지었을 뿐이다. 그 세계는 견고하지 않았고 자식들이나 남편의 상황, 세간의 평가에 따라 쉽게 흔들렸다. 엄마가 얼마나 훌륭한 엄마고 아내였던가를 시시때때로 증거해야 해서 우리는 고통스러웠다. 언젠가 엄마가 부족해도, 항상 옳지 않아도, 약점을 가진 채로도 훌륭한 삶을 살았다는 것을 자식이나 남편, 혹은 주위의 누군가의 보증이 아니라 스스로 믿는 날이 올 수 있을까.

나를 사랑한,
아니 지배한

나이트메어는 여자인 이상 오직 여자아이만이 제공할 수 있는 것을 어머니에게 줘야 했다. 월급으로 산 선물이나 함께 간 여행으로 어머니가 만족하지 않는 데는 이유가 있다. 모든 어머니가 똑같다. 어머니는 나이트메어에게 전 세계를 다 뒤져도 찾을 수 없는 무언가를 요구했던 것이다. (…) 바로 자신의 인생을 '다시 사는 일'이다.

사이토 다마키, 『엄마는 딸의 인생을 지배한다』, 김재원 옮김, 꿈꾼문고, 2017, 207쪽 엄마 눈이 닿는 시야 안에서 아이가 홀로 논다. 이렇게 해놓고 혹은 저렇게 해놓고, 아이는 엄마 눈치를 흘긋 보고 엄마가 동요하지 않으면 다시 자기 할 일을 한다. 그러다 또 흘긋 엄마를 살핀다. 엄마 눈치를 보고 있는 아이를 보면 마음이 좋지 않다. 특별히 위험한 상황에 놓였거나 반사회적인 행동을 하지 않을 때라면 아이들이 제 할 일에 집중하고 있는 모습이 보기 좋다.

엄마는 아이의 안전을 위해 아이를 항상 살피고 있어야 하지만 아이 곁에 딱 달라붙어서 아이의 행동을 일일이 지시하는 엄마를 보면 마음이 답답해진다. 그런 엄마를 유순하게 따르는 아이들을 보면 또 마음이 불편하다. 엄마의 팔 안에서 벗어나려고 꼼지락거리는 아이들을 속으로 응원하게 된다. 자꾸 엄마를 흘긋거리는 아이들은 자신이 한 행동 때문에 엄마가 화내지 않을까 겁먹은 듯해 속상하다. 그 아이가 나 같아서일지도 모른다.

어린아이들에게 엄마의 보살핌은 절대적이다. 아주 어렸을 때는 거의 생존이 달려 있다. 엄마의 사랑은 무조건적인 절대 사랑이라고들 하는데 아무리 그것이 크다손 아이들이 엄마를 사랑하고 의지하는 것만큼일까. 가끔은 그걸 '사랑'이라는 낭만적이고 달콤한 말로 표현하는 게 맞나 싶은 생각도 든다. 훨씬 처절한 본능 쪽이 아닐까. 아이들은 엄마에게 사랑받기 위해서라면 뭐든 한다. 그래서 아이들은 엄마의 영향력 안에 쉽게 갇힌다.

엄마 마음에 드는 딸이 되려고 평생을 노력하고도 영영 엄마를 만족시킬 수 없어서 지친 친구들을 많이 안다. 어릴 때는 생존이었기에 순응할 수밖에 없었겠지만 자기 세계를 가진 독립된 개인으로 자란 후에는 갑갑해진다. 이 영향력의 자력은 한 방향으로만 작용하지 않는다. 엄마는 아이에게, 다시 아이는 엄마에게 서로 예속된다. 엄마에게 딸은 인형놀이의 인형처럼 때로 마음대로 꾸밀 수 있는 도구 같은 것이 된다. 거기서 제때 벗어나지 못하면 모녀 관계에 재앙이 될 수도 있다.

내 헤어스타일은 어렸을 때부터 고등학교를 졸업할 때까지 같았다. 쇼트컷이었다. 시골에서 살 때는 늘 바가지머리였다. 갈 수 있는 미용실이 마땅치 않아 집에서 엄마가 잘라 줬기 때문이다. 고등학교 때도 엄마가 다닌 미용실에 따라

다녔다. 보통 고등학생쯤 되면 외모에 관심이 커지면서 친구들과 옷도 보러 다니고 액세서리도 재미 삼아 구경 다닌다. 남자나 여자나 자기 자신으로 커나가는 건 그런 사소한 것들이 쌓여 이루어진다. 내게는 그런 시간이 없었다.

"넌 쇼트컷이 어울려."

"넌 치마가 별로야."

나는 엄마가 이끄는 대로 엄마 마음에 드는 머리를 했다. 엄마가 입혀주는 옷을 입었다. 대학교에 들어가서도 마찬가지였다. 결혼을 하고 나이가 서른을 훨씬 넘은 후에도 그랬다. 엄마가 미리 보아두었다며 나를 데리고 간 옷가게에서 이거 어떠냐며 입혀준 옷이 그리 마음에 들지 않아 대답을 하지 않으면, 엄마는 자기 돈을 내고서라도 기어코 그 옷을 가져와 내 옷장에 걸어주었다.

패션 감각과 눈썰미를 타고난 엄마 말이 대충 다 맞았을 것이다. 내겐 긴 머리보다 짧은 머리가, 치마보다 바지가 더 어울렸을 것이다. 그렇지만 나 스스로 그것을 찾아가기 위해 나는 사소한 좌절과 실패를 경험했어야 했다. 그렇게 경험하고 그것을 스스로 극복하거나 수용하거나 포기하면서 어른이 되는 것 외에 제대로 된 어른이 되는 다른 길은 없으니까.

그러나 그게 엄마가 나를 사랑하는 방식이었다. 친구들과는 헤어스타일이나 화장, 옷 취향이나 정보를 나누는 경우가 없었다. 학교 앞에 그렇게 많았던 옷 가게와 미장원을 친구와 함께 가본 적이 없다. 이 옷이 괜찮은지 저 옷이 괜찮은지 이러쿵저러쿵 말을 해볼 기회도 없었다. 개인 취향(처럼 사소한 것)을 이야기하는 일을 약간 망설이게 하는 당시 분위기도 한몫했지만 내가 고른 옷이나 내가 시도하는 머리를 엄마가 좋아하지 않았기 때문이다.

짧은 머리가 지겨워 머리를 길러볼까 하면 엄마는 엄마 마음에 드는 머리가 될 때까지 나를 미워했다. 엄마가 골라준 옷 말고 내 마음대로 산 옷을 입으면 그 옷을 입을 때마다 타박을 했다.

"색깔이 그게 뭐야? 너한테는 그런 강한 색이 어울리지 않는다고 했잖아. 이런 굵은 체크는 너 같이 작은 아이한테는 안 어울린다니까. 도대체 그런 옷을 어디서 사 온 거야?"

내가 좋아한 모든 것이 엄마의 지속적인 무시와 경멸 속에서 사라져갔고 갈망 역시 함께 시들어갔다.

엄마는 "인물 가난이 가장 서럽다"는 말을 자주 했다. 머리나 마음에 든 것들은 눈에 보이지 않고, 늘 볼 수 있는 얼굴은 집에 두고 다닐 수도 없다고 말이다. 그래서 엄마는 눈에 보이는 것들을 중요하게 생각했다. 엄마는 내가 더 나은 모습으로 남들에게 보이길 바랐다. 엄마가 원하는 대로, 하고 싶은 대로 하라고 내버려둔 사이 나는 스스로 원하는 것을 추구하지도, 그에 따르는 실패를 겪지도 못했다. 그리고 그런 과정을 통해 나 자신이 될 기회를 갖지 못했다.

나 자신이 될 기회. 그것을 놓친 자리는 엄마가 차지했다. 엄마에게 말 잘 듣는 딸은 어린 시절 가지고 노는 인형과 비슷하면서 더 흥미롭다. 마음에 드는 예쁜 옷을 입히고 헤어스타일을 바꿔주며 외면을 자기 마음에 들게 만드는 건 인형놀이와 같으면서도 자신은 갖고 싶었지만 못 가져본 많은 것을 주고 그것이 어떤 결과를 가져올지 지켜볼 수 있기 때문이다. 그것은 자신이 되어보지 못한 어떤 것에 대한 갈망이자 대리만족이었다.

엄마는 엄마가 내게 준 것들의 결과가 엄마의 기대와 다를 때 실망했고 그럴 때마다 나는 공연히 움츠러들었다. 나는 오로지 엄마가 들어올 수 없는 공간에서만 나 같은 내가 될 수 있었다. 엄마가 들어올 수 없는 공간, 그것은 책을 읽거나 음악을 듣거나 그림을 감상하는 것 같은, 모든 문화적인 활동이었다. 그런 세계만이 엄마의 사소한 간섭으로부터 나를 보호해주었다. 진짜 그게 뭔지도 모르고 허영일 뿐이었다 해도 나는 그 세계에서 조금 자유로웠다.

내가 어떤 사람이 되어야 할지 내면뿐 아니라 외면까지 엄마에게 통제당하고 있다는 느낌을 나이 40이 넘어서야 자각했다. 엄마가 실망할까 봐, 상처받을까 봐, 내가 정말 하고 싶은 것이 무엇인지 생각해보지 못했다. 핑계일지도 모른다. 무언가를 선택해야 하는 어려운 일을 누군가에게 미루고, 그 선택에 대한 책임도 떠넘길 수 있었기 때문에 어른이 되는 일을 조금씩 미루고 있었는지도 모르겠다.

물론 시도했다가 실패한 적도 있다. 대학교 다닐 때 집이 싫고 통학하기에 학교가 좀 멀다는 핑계로 학교 앞에서 자취를 하고 싶다고 말했다. 사실 엄마를 아빠로부터 지켜야만 한다는 생각 때문에 그동안 집을 떠나기 어려웠다. 내가 없는 사이에 무슨 일이 벌어질지도 모른다는 생각을 하지 않기 어려운 날들이 이어졌기 때문이다. 엄마가 고통받는 동안 도와주지도, 위로해주지도, 그냥 같이 있어 주지도 못한다면 평생 괴로울 게 뻔했다.

그럼에도 집에 있는 게 싫었다. 집만 벗어나면 나도 꽤 근사한 인간이 될 수 있을 것 같았다. 반대가 심할 줄 알았는데 엄마는 의외로 선선히 그러라고 했다. 학교 앞을 뒤지고 뒤져 연탄을 때는 산등성이 작은 방을 하나 얻었다. 옷과 이불, 냄비 몇 개, 책 몇 권과 CD플레이어를 챙겨 집을 나왔다. 처음으로 가져본 나만의 공간, 마음으로든 무엇으로든 누군가를 보살피지 않고 오직 나만 돌보면 되는 곳이었다.

가족과 아무런 연결 없이 비로소 혼자 살아본다는 흥분과 설렘도 잠시뿐이었다. 매일 연탄불을 꺼뜨려 냉골에서 웅크리고 잠들었다. 끼니도 거의 걸렀다. 한 달 정도 만에 생애 최초의 독립 생활을 청산하고 집으로 돌아갔다. 수요가 많은 학교 앞 자취방이어선지 집주인 할머니는 계약 위반에 그다지 까다롭게 굴지 않았고 뒤처리는 엄마가 했으므로 나는 그 뒤 사정까지 알지 못했다. 어쩌면 알고 싶지 않았을지도.

그렇게 최초의 독립이 좌절된 후 탕아처럼 돌아온 나를 엄마는 그럴 줄 알았다며 다독였다. 엄마의 그늘 아래서 나는 안전했고 편했다. 혹 일이 잘못되더라도 나는 나 자신의 무능을 원망하지 않아도 됐다. 실패를 경험할 일도 없었다. 내가 엄마의 딸인 이상 엄마는 나의 실패를 용인하고 받아들여 나 자신의 실패는 애초부터 없었던 것처럼 만들었다. 나는 엄마가 자처한 무한한 책임 안에 나를 기꺼이 가뒀다.

나중에 엄마와 딸의 관계에 대한 책을 읽다가 이런 상황을 설명하는 문장을 만났다. 엄마가 자신의 자녀를 지배하는 방식에 관한 부분이었다. 엄마의 지배는 아버지와 아들의 관계처럼 지배하고 지배당하는 단순한 권력욕이 아니다. 그래서 반항이나 비판을 용납하지 않는 식이 아니라 오히려 반항이나 반발 그 자체를 지배해버린다. 우리는 그 영향력 안에 갇히게 되는데, 그 바탕에는 엄마의 무한한 책임감이 있다.

내게 딸은 없지만 엄마가 된 후 나는 그게 어떤 감정인지 조금은 이해할 수 있게 되었다. 아이들에 대한 엄마의 지배는 이렇게 무한한 책임감을 바탕으로 이중 삼중으로 얽혀 있고 무의식적으로 이루어진다. 이 지배에서 벗어나는 유일한 방법은 "도망치거나, 집을 나가거나, 혹은 다른 장소에서 어머니가 되는 수밖에 없"다(사이토 다마키, 『엄마는 딸의 인생을 지배한다』, 김재원 옮김, 꿈꾼문고, 2017).

엄마와의 관계가 숨 막히고 답답해질 무렵, 언제나처럼 혹시 해결책이 있을까 싶어 관련한 책들을 읽었다. 그즈음 나온 책들은 모두 심리학 책이었고 늘 결론은 엄마를 가해자로, 딸을 피해자로 나누었다. 어쩐지 나는 그런 관점에 선뜻 동의할 수 없었다. 엄마를 가해자로 만들어버리면 모든 게 간단해지고 해결책도 쉬워진다. 그러나 그 엄마 역시 그 딸들과 마찬가지 경로로 엄마가 되었을 것이기 때문에 피해자와 가해자라는 단순한 이분법은 찜찜했다.

그렇게 단순한 관계라면 딸들은 엄마를 미워하면 그뿐이다. 딸들이 겪는 괴로움은 엄마를 미워할 수도 없고 미워하지 않을 수도 없다는 데 있다. 내가 어른이 되어가는 동안 엄마는 나를 보호하려고 최선을 다했다. 내가 잘 살기를 바랐다. 엄마는 내게 일어난 실패와 불운까지도 막아보려 애썼다. 엄마의 책임이 아닌 일, 온전히 내가 감당했어야 할 일들까지 말이다.

엄마가 자식 삶의 성패에 무한한 책임이 있다는 이 오랜 믿음 때문에 엄마들은 자식들의 실패를 두고 보지 못하고 그걸 어떻게든 딛고 일어서면서 이뤄내는 성장을 가로막는다. 사회가 기대하는 완벽한 '엄마'가 되려는 여자들은 아이들이 더 자라지 못하도록 아이들을 자기 책임 안에 가둔다.

그레이스, 딜런, 케빈
그리고 그들의 엄마

어머니에게서 충분한 관심과 사랑을 받지 못해 불행해졌다고 생각하는 사람들은 결코 어머니를 용서하지 못한다. (…) 반면 아버지들은 면피권을 받는다. 기대치가 워낙 낮아서 발레 공연을 천 번쯤 빠지고 생일을 열 번쯤 까먹고 크리스마스 카드에 이름 철자를 틀리게 적더라도(아빠도 참!) 여전히 존경 받는다. (…) 반면 어머니는 우리 뒤꽁무니를 쫓아다니며 넘어질 때마다 잡아주거나, 옆에서 대기하고 있다가 위안이 필요한 순간 어깨를 내주는 사람이다. 그렇게 배웠기에 어머니는 딱 두 발자국만 앞서 걸어도 자식을 버린 이기적인 년이 된다.

제사 크리스핀, 『죽은 숙녀들의 사회』, 박다솜 옮김, 창비, 2018, 127쪽

나는 엄마에게 언제까지나 아이이고 딸일 것이다. 엄마보다 키가 더 커졌어도, 엄마보다 많이 배웠어도, 엄마가 경험하지 못한 것들을 더 많이 경험했어도 엄마에게 나는 여전히 아주 작은 아이이고 엄마가 죽는 날까지 영원히 돌봐야 할 딸일 것이다. 엄마와 나에겐 같은 편이 아니면 안 되는 인생의 순간순간이 있었고, 그 기억은 내가 살아 있는 한 영원할 것이기 때문이다.

그 같은 편이라는 건 이성과 합리성을 넘어선 것이다. 설사 엄마가 지탄받아 마땅한 파렴치한 짓을 저지른 사람이라 해도 그 편에 서지 않으면 안 되는 그런 같은 편이다. 그 기억들은 대체로 아프고 슬펐다. 그런 기억은 즐겁고 유쾌한 기억보다 끈끈해서 우리 둘을 더 단단하게 엮었다. 그리고 엄마와 딸 사이의 이런 감정, 엄마들이 갖는 무한 책임, 그 책임감이 낳고 마는 지배력이 결합하면 대체로 딸의 삶에 재앙이 되고 만다.

아빠는 어떤 감정의 이입이나 교류 같은 게 불가능한 관념화된 악으로만 존재했기 때문에 내게 '아버지'는 이상적이든 그 반대로든 책이나 드라마, 영화 등에나 있었다. 아버지란 어떤 존재여야 하는가 역시 기본 모델이 있고 거기에서 좀 모자라다 싶은 것과 강렬한 바람 같은 것들이 엮여 만들어지는 것이기에 나처럼 거의 투명한, 존재감 없는 아빠를 가진 사람에게는 매체 속 아버지 역시 막연하기는 매한가지였다.

그런데 아이들을 낳고 나서 책이나 영화를 보다가 이상하게 질투가 솟곤 했다. 아버지들이 자식들에게 갖는 산뜻한 관심과 순수한 연민을 느낄 때 그랬다. 가령 존 윌리엄스의 『스토너』같은 책.

이 책에서 놀라운 사건은 하나도 일어나지 않는다. 시골 마을에서 태어나 농업을 배우려고 대학에 입학했다가 영문학에 마음을 빼앗겨 평생 고전문학 교수로 살다 간 한 남자의 작은 실패와 기쁨으로 채워진 생애가 이야기의 전부다. 삶의 본질은 고독과 고통이고, 우리가 할 수 있는 건 그걸 감내하는 것밖에 없으며, 마침내 그 긴 여정을 마친 사람이 갖는 위엄에 뭉클해진다.

그런데 그런 스토너가 딸 그레이스에 대해 이야기하는 대목을 읽으면서 마음의 동요가 심했다. 딸이 어릴 때 서재에서 함께 교감하던 대목을 지나 사춘기에 접어든 딸이 천천히 삶의 어두운 구석으로 걸어 들어가는 동안 그가 보인 태도를 나는 자꾸 엄마 입장에서 보게 되었다. 스토너는 다른 누구도 아닌 딸의 삶을 보면서 약간 거리를 둔 채 객관적인 시선을 유지하는 '쿨'한 태도를 보이고, 그런 그의 태도를 딸이 사춘기일 때부터 딸의 삶에 일희일비하며 소란을 피우는 아내 이디스의 태도와 자꾸 비교하게 된 것이다. 스토너는 단 한 번도 딸 그레이스의 문제를 두고 아내 이디스를 탓하거나 비난하지 않는다. 이디스는 어떻게든 딸의 삶을 밝은 곳으로 끌어내려고 딸의 선택과 삶에 난입하는데, 그런 장면이 담긴 대목의 행간에서 스토너의 아주 옅은 만류 같은 걸 느꼈을 뿐이다.

이 책을 읽은 사람들도 그레이스의 삶이 공허해진 데는 (스토너보다는) 엄마 이디스에게 책임이 있다고 느끼지 않았을까? 자격지심이라고 해도 할 수 없다. 나는 이 대목들을 엄마인 이디스의 관점으로 읽었으니까. 친구가 좋아 방과 후면 친구들과 소곤소곤 어울려야 할 사춘기 여자아이가 학교만 끝나면 쪼르르 집으로 돌아와 제 방에 틀어박힐 때, 저 아이에게 친구가 생겨야 할 텐데, 패션이 문제인가, 요즘 애들은 외모도 따진다는데 너무 마른 게 문제인가, 이런 생각 끝에 프릴이 잔뜩 달린 옷을 사 와 딸에게 입혀보는 엄마 이디스의 마음을 떠올리면서.

그 후 이디스는 시도 때도 없이 집에 드나드는 딸의 친구들을 보고 환호한다. 먼 지역에 있는 대학에는 보낼 수 없다고도 말한다. 대학에 들어간 지 얼마 안 되어 임신했노라는 딸 앞에서 기괴한 비명을 지르기도 한다. 그런 이디스의 모습은 내 삶을 자기 걸로 착각하고 있는 게 아닌가 싶을 정도로 내 삶에 너무 깊이 개입하려는 우리 엄마의 모습과 자꾸 겹쳐 보였다.

『스토너』에는 이런 장면이 나온다. 대학 입학 직후 임신한 딸 그레이스는 결혼 후 집을 떠난다. 그런 그레이스의 남편은 참전했다가 전사하고 만다. 술에 의지해 살아가던 그레이스가 어느 날 집에 찾아온다.

두 사람은 오랜 친구처럼 밤늦게까지 이야기를 나눴다. 스토너는 그레이스가 직접 말했던 것처럼 절망을 거의 기쁘게 받아들이고 있음을 깨달았다. 그레이스는 해가 갈수록 술을 조금씩 더 마셔서 공허해진 자신의 삶에 맞서 스스로를 무감각하게 만들면서 하루하루를 조용히 살아갈 터였다. 그는 그녀에게 적어도 그런 생활이라도 있는 것이 다행이라고 생각했다. 그레이스가 술을 마실 수 있다는 사실이 고마웠다.

존 윌리엄스, 『스토너』, 김승욱 옮김, RHK, 2015, 350-351쪽

내게 알코올중독이 된 딸이 있다면 저런 상황에 그 아이가 술이라도 마실 수 있어서 다행이라고 생각할 수 있을까? 아이가 저렇게 된 데는 내 책임이 있는 건 아닐까 생각하지 않을 수 있을까? 엄마가 화자인 소설에서 엄마가 딸을 저렇게 순수한 연민으로 바라볼 수 있을까? 딸을 알코올중독에서 구해내려는 투쟁의 서사가 펼쳐지지 않았을까? 그러니까 아버지들은 알고 있는 것이다. 자식이 잘못되더라도 그 책임과 비난을 자신이 받지 않게 된다는 사실을.

엄마가 되고 나서는 엄마들이 화자이거나 주인공인 책들을 볼 때도 마음이 편치 않다. 1999년 4월 고등학교 졸업반 딜런과 에릭 두 소년은 총기로 무장한 채 등교해 같은 학교 학생과 교사 열세 명을 죽이고 스물네 명에게 부상을 입히고는 자살했다. 『나는 가해자의 엄마입니다』는 전 세계를 충격에 빠트린 미국 콜럼바인 고등학교 총기 난사 사건의 가해자 딜런 클리볼드의 엄마 수 클리볼드가 쓴 책이다.

딜런의 어머니 수 클리볼드는 희생자와 그 가족들이 겪은 아픔과 슬픔 때문에 아들을 잃은 슬픔을 느낄 수조차 없었다. 그는 아들이 죽고 17년 동안 고통과 혼란을 견디면서 아들이 남긴 거대한 질문에 답을 찾으려 애쓰며 이 책을 완성했다. 많은 사람이 이 책에 찬사를 보냈다. 그런데 다른 어떤 감상보다 '엄마의 재탄생기'로 읽은 감상이 마음에 남았다.

새로운 이야기가 필요하다는 의미에서 수 클리볼드 역시 아픈 사람이다. 전에 알던 도착지로 가는 것이 더는 가능하지 않게 된 사람, 새로운 삶의 지도가 필요해진 사람, 그는 자신의 과거를 처절하게 곱씹어 새로운 이야기를 씀으로써, 세상이 부여하는 서사가 아니라 자신이 직접 쓰는 서사를 선택했다. 그렇게 해서 가해자의 어머니에서 한 어머니의 자리로 돌아간다.

제현주, 『일하는 마음』, 어크로스, 2018, 89쪽

이 감상이 너무 멋져서 같은 책을 집요하고 끈질겨서 넌덜머리 나는 '엄마 반성문'으로 읽은 나는 조금 부끄러워졌다. 끔찍한 범죄를 저지르고 자살한 아들의 모든 순간과 아들과 함께한 자신의 모든 순간을 되짚고 또 되짚으며 어떤 순간에 자신이 한 말, 어떤 장소에서 자신이 한 행동이 아이를 그렇게 만든 건 아닐까, 자신의 아이가 죽인 아이들과 자신의 아이를 살릴 수 있는 어떤 중요한 순간을 스스로 놓치고 만 건 아닐까, 나는 이 책을 그런 집요한 반성과 반추의 이야기, 그래서 영원히 그 과거 안을 돌고 또 돌며 보고 또 본 돌멩이 하나까지 다시 들춰보는 이야기로 읽었다. 그리고 (면죄 받으려는 의미에서가 아니라) 부디 내 잘못이 없었으면 좋겠다는 소망과 어떻게 한다 해도 그 일을 막을 수는

없었을 거라는 체념을 함께 읽었다. 도리어 우리가 삶의 여정에 떨군 모든 것을 되짚어도 거기에 의미 따위는 없다는 삶의 무의미와 불가해함에 대한 이야기라고 생각했다.

어떤 이들은 이 책을 읽고서 우리가 끝내 알 수 없는 삶과 인간의 어둠 대신 아들의 우울과 자살 충동을 진작 알아차리지 못한 엄마의 무신경함, 아이가 자신의 모든 고민과 문제를 털어놓을 수 없게 만든 엄마의 태도, 아이의 밝은 얼굴 너머에 숨겨진 어둠을 알아차리지 못한 엄마의 민감하지 못한 마음을 지적한다. 그러니 우리 모두는 그런 엄마가, 그런 부모가 되어야 한다고, 자신들은 그렇게 할 수 있다는 듯 말한다. 그런데 그게 정말 가능할까?

경찰이 헤집어놓은 딜런의 방을 수는 오랫동안 치우지 못한다. 세면대에 놓인 빗에 낀 머리카락 몇 가닥, 죽기 얼마 전에 사준 면도기에 남아 있는 짧은 수염조차 버리지 못한다. 그건 그토록 사랑한 아이의 흔적이 사라지는 것이 마음 아파서이기도 하겠지만 그보다 아들을 끝내 이해하지 못하게 될까 봐 두려워하는 마음 때문이었다. 엄마가, 엄마이기 때문에 과연 한 아이를 모두 이해할 수 있을까?

라이오넬 슈라이버가 쓴 『케빈에 대하여』는 어떤가. 수완 좋은 여행 사업가이자 체제와 관습에 반감을 가진 자유로운 영혼 에바가 한 남자와 결혼해 아이를 가진 후 벌어진 일들을 담은 소설이다. 내게는 미국 사회에 대한 다면적인 비판보다는 자신이 다니던 학교의 학생과 교사 아홉 명을 잔인하게 살해한 케빈이라는 괴물은 어떻게 만들어졌는가, 아니 정확하게는 그런 아이의 엄마는 어떤 인물이었는가를 탐구하는 이야기처럼 느껴졌다.

에바가 남편 프랭클린에게 보낸 편지 형식으로 쓰인 이 책에서 변명이나 연민은 찾아볼 수 없다. 차갑고 건조한 고백이다. 그럼에도 에바는 분명히 안다. 케빈이 누구로부터 비롯했다고 사람들이 의심하는지를. 에바는 첫 편지에서 사긴 이후 오로지 악명 때문에 자신의 집을 사들인 사람이 케빈 또래의 아들을 가진 사람일 거라 상상하면서 그가 할 만한 말로 이렇게 편지를 끝맺는다.

우린 무엇이 옳은지를 가르치면서 우리 아들을 키웠어요. 부당하게 보일지 모르지만 우리가 정말 궁금해야 할 사람은 바로 그 아이〔케빈〕의 부모예요.

라이오넬 슈라이버, 『케빈에 대하여』, 송정은 옮김, RHK, 2012, 23쪽

이 말은 앞으로 자신이 보낼 편지들이 사람들이 궁금해하는 그 부모 가운데 (아빠는 모르겠고) 엄마였던 '엄마 에바에 대하여' 이야기하겠다는 뜻이다. 에바는 아이를 가진 이후

자신이 어떤 생각을 가졌던가, 그 아이를 어떻게 키웠던가 끊임없이 생각한다. 에바는 임신 중에도 '내가 이 아이를 정말 원하는가'를 계속 묻고, 아이가 태어나서 자신의 의지와 상관없이 달라지게 될 일상을 두려워하고, 독립된 한 인간인 아들을 이해하기도 어렵고 받아들이기 힘든, 말 그대로의 이물異物로 대한다. 그런 에바를 '에바'로 이해하려는 사람은 없다. 아들과 애착을 형성하는 데 실패해 아들을 괴물로 만든 엄마, 그것이 에바의 다른 이름이었다.

이 책은 영화로도 만들어졌다. 나는 영화를 보는 동안 많은 사람이 속삭이는 소리를 들었다. 쯧쯧, 엄마가 저러니 아이가 저렇게 자랐지. 도대체 엄마가 어떻게 키웠길래, 엄마는 아이가 저렇게 될 때까지 뭘 한 거야, 쯧쯧, 엄마가 저 모양이니…. 이런 속삭임은 세상 모든 엄마의 귓전에 커다랗게 울린다. 나 역시 아이들을 기르는 동안 아이들의 행동, 태도 하나하나에 그런 소리를 들었었다. 그리고 그런 나 역시 영화를 보면서 영화 속 아이의 저 무지막지한 폭력성에 엄마 잘못은 없었을까 생각하고 있었다.

'엄마와 딸'의 관계에 대해 여러 저작을 쓴 사마토 다마키는 『엄마는 딸의 인생을 지배한다』에서 이렇게 말한다.

어떤 경우든 아버지보다는 어머니를 범인으로 몰기가 훨씬 쉽습니다. 왜냐하면 그녀들은 전문가에게 단죄받기도 전에 이미 스스로 머리를 떨구고 목을 내밀고 있거든요. 그녀는 우리의 비난에 반박 한마디 하지 않을 것입니다. 오히려 자진해서 스스로의 죄를 열거하겠지요. 이 정도로 안성맞춤인 범인은 세상 어디에도 존재하지 않습니다.

사이토 다마키, 『엄마는 딸의 인생을 지배한다』, 김재원 옮김, 꿈꾼문고,
2017, 182쪽

나는 종종 내 아들들을 이해할 수 없다. 아이들에게 이런 저런 환경을 조성하고 이런 방식의 육아를 하면 이런 아이로 자랄 테지 생각하지만 육아는 더하고 빼거나 곱하거나 나누면 항상 일정한 값이 나오는 산수가 아니다.

엄마는 나에게 "자식 겉 낳지, 속 낳는 것 아니다"라는 말을 자주했다. 그 말처럼 모든 엄마는 자신이 낳아 자기 방식으로 키운 자식을 완전히 낯선 타인으로 만나는 순간을 맞닥뜨린다. 그것을 받아들이지 못한다면 관계는 파국으로 치닫는다.

엄마는 나를 언제 낯선 타인으로 만났을까? 스무 살이 되어 엄마가 경험해보지 못한 세계로 떠날 때였을까? 아니면 결혼해서 물리적으로 엄마 곁을 떠날 때였을까? 나는 안다. 이도 저도 아니다. 엄마의 짐작보다 훨씬 어릴 때, 엄마에게

말하지 않은 비밀을 처음 간직했을 때, 엄마가 모르는 친구가 생겼을 때, 엄마와 내가 다른 점을 발견했을 때, 그리고 또 엄마는 몰랐을 숱한 순간들마다 나는 날마다 엄마와 다른 존재로 낯선 타인이 되어갔다.

엄마 역시 내가 다 알 수 없는 타인이었겠지. 엄마를 가련한 사람, 사랑받지 못하고 이해받지 못한 사람, 그리하여 연민의 대상으로만 이해하는 것은 완전히 잘못된 일이겠지. 그런 점에서 내가 엄마를 엄마로밖에 이해하지 못하는 것이 좀 안타깝다. 엄마에게도 엄마가 아닌 다른 순간들이 있었을 것이고, 적어도 내가 성년이 된 후에 그런 면들을 만났더라면 엄마를 부담스럽게 느끼지 않았을지도 모른다.

나는 종종 사회에서 엄마들이 강요당하는 '엄마 됨'이 자식과 엄마가 어떤 측면에서는 서로에게 완전히 낯선 타인이라는 것을 부정하거나 뛰어넘는다는 사실에 심란해진다. 자식들의 모든 것을 무한 책임지며 희생하는 엄마들을 이상으로 여기며 거기에 씌우는 '성녀', 나아가 '신'의 광휘가 부당하게 느껴진다. 나는 어느 상담가로부터 내가 너무 열심히 살아서 아이들에게 스트레스를 준다는 이야기를 들은 적도 있다. 어쩌라고?

이런 모성의 제도 하에서 모든 엄마는 아이에게 잘못하고 있다는 죄의식을 느낀다. 자식 속 낳는 거 아니라는 말을 되뇌던 엄마도 끝내 자식의 속까지 자신이 낳을 수 있기를, 그렇게 완전무결한 엄마가 되고 싶어 하지 않았던가.

2부

이제는 이해할 수 있을까

"어디냐?"

불만이 담긴 듯 퉁명스러운 목소리, 설거지하다가 물기도 제대로 닦지 않은 손으로 전화를 받느라 전화 건 이가 누군지 미처 확인하지 못했지만 단박에 누군지 알 수 있었다.

"어… 집…."

"인천 왔는데 잠깐 들를게."

뚜뚜뚜…. 대답할 새도 없이 전화가 끊겼다. 통화 시간이 13초였음을 알리는 숫자와 발신자 표시가 꺼지고도 전화기 화면을 물끄러미 바라보았다. 엄마였다. 엄마인 줄 알았으면 받지 않았을 텐데. 언뜻 그런 생각이 스치자 곧 죄책감이 들었다. 엄마를 좋아하지 않는 딸이라니. 예전에는 그렇지 않았는데, 대체 언제부터 엄마의 전화가 달갑지 않아졌을까? 아니, 무엇 때문에 엄마 전화를 피하고 싶어졌을까?

그날은 엄마에게 마음을 쓰기에 내 마음과 머리는 이미 써야 할 용량을 다 썼다. 고3 아들이 말썽이었다. 이제껏 별 문제 없이 착실하던 아이가 고3이 되자 삐딱해졌다. 전날 밤 폭탄을 터뜨린 아이 때문에 잠도 제대로 못 잔 상태였다. 모의고사를 치르지 않겠다고, 학교에도 가지 않겠다고 하는 아이를 어르고 달래서 일단 학교에 떨궈놓긴 했는데 오전 내내 시험은 제대로 치렀을까, 도대체 뭐가 문제일까, 내가 뭘 어디서부터 잘못했을까 생각하느라 기진맥진 상태였다. 엄마의 잔소리나 넋두리에 내줄 마음의 여유가 조금도 남아 있지 않았다.

설거지를 마저 마치고 일부러 스팀청소기를 꺼내 들었다. 하염없이 길어질 엄마의 말을 미리 막고 싶었다. 쉭쉭 스팀 나오는 소리가 신호라도 되는 듯 곧 초인종이 울렸다. 내가 없을 때 엄마가 들어와 이것저것 내 살림을 만지고 바꿔놓고 잔소리를 하는 게 듣기 싫어 오래 쓰던 비밀번호를 바꿨다. 문을 열자 목소리가 먼저 들어왔다.

"왜 비밀번호는 바꿔가지고. 매번 번거롭게….."

"왔어?"

인사 대신 한 마디를 건네고 곧장 뒤돌아 스팀청소기를 밀며 청소에 열중하는 시늉을 했다. 소파에 엉거주춤 걸터앉은 엄마는 지인을 만나러 왔다가 약속 시간까지 시간이 잠깐 비어 들렀다는 이야기를 하며 집안 살림을 살피기 시작했다.

"어머, 이거 못 보던 거다. 새로 샀나 보네?"

엄마는 반찬이 조금 남아 설거지를 못 하고 랩을 씌워 식탁

위에 올려놓은 새 접시를 들어 이리저리 살펴보다 덧붙였다.

"싸구려네. 하나를 사도 제대로 된 걸 사라니까. 처음 살 땐 비싼 거 같아도 한 번 사면 10년도 넘게 매일 쓰는 거니까 낭비가 아니야."

언젠가 내게 싫은 소리를 들은 뒤로 주방 서랍이나 장식장까지 뒤지지는 않으니 오늘 잔소리는 여기까지일 것이다.

"인천 온 김에 부평 이모네 들렀는데, 전에는 나만 보면 잡아먹을 것처럼 굴더니 요즘은 늙어서 그런지 순해졌더라. 너는 전화 좀 하니?"

"더 가까운 식구들도 못 챙기는데 뭐 이모까지…. 무소식이 희소식이지."

"네가 바빠서 그럴 거라고 하긴 했는데, 이모가 그래도 몇 년이나 같이 살았는데 전화 한 통이 없다고 서운해하더라. 자주 할 필요는 없지만 1년에 추석, 설날 명절 때 인사 정도는 드릴 수 있잖아?"

"그렇게 챙기기 시작하면 끝이 있나? 큰외삼촌에 작은외삼촌, 외숙모, 첫째 큰이모, 둘째 큰이모, 막내 이모에 사촌 언니들은?"

"누가 다 챙기래? 그래도 부평 이모는 너랑 몇 년 같이 살기도 했고. 하여간 그런 얘기 들으니까 내가 민망하더라."

내가 청소를 하는 동안 엄마는 베란다 화분에 퇴비는 주었는지, 올해 꽃은 많이 피었는지, 수북하게 자란 가지들은 왜 정리하지 않았는지 한바탕 잔소리를 한 후 떠났다. 청소기를 끄고 엄마가 앉았던 소파에 앉았다. 한숨이 나왔다. 딸이 셋이나 있지만 엄마는 내게 가장 많이 기댔다. 바로 아래 동생은 반항기가 많았고 막내는 나랑도 나이 차가 10년 가까이 나서 엄마랑은 말상대가 되지 않았다. 나는 끝없는 엄마의 신세 한탄을 들어주어야 했고 때로는 보호자가 되어야 했다.

아빠와의 결혼 생활이 파탄 났을 때는 이제 끝이구나 싶어 오히려 홀가분했다. 아빠의 폭력에 시달린 가엾은 엄마의 착한 딸이 되기 위해, 자랑스러운 딸이 되기 위해 기를 썼는데 이제 그러지 않아도 되겠구나, 힘든 엄마를 무기력하게 지켜볼 수밖에 없던 나에 대해 죄책감을 느끼지 않아도 되겠구나 싶었다. 이제 엄마도 자유롭고 행복해질 수 있겠지 하고 기뻐했다.

그러나 그건 새로운 시작이었다. 전업주부였던 엄마에게 자기 삶의 유일한 존재 증명은 남편과 자식뿐이었다. 거의 다 와서 실패한 결혼은 엄마에게 낙인이나 다를 바 없었다. 엄마는 시시때때로 자기 잘못은 아무것도 없는데 남들 눈에 그럴듯해 보였던 꽃밭을 한순간에 망쳐버린 아빠에 대한 원망으로 눈물바람을 해댔다. 그러다가는 대학까지 나와서 번듯한 직위 하나 없이 겨우 두 아이의 엄마 노릇이나 한다며 내게 불만을 터트렸다.

　결혼을 한 이후, 더 큰 자랑거리가 되지 못하는 내게 엄마는 대놓고 혀를 찼다. 그러더니 거의 우리 집에 살면서 살림살이에 감 놔라 대추 놔라 하기 시작했다. 남편과 내가 꾸린 집인지 엄마 집에 얹혀 사는 건지 구분이 가지 않게 되자 유순하던 남편이 불편해하기 시작했다. 엄마 문제로 남편과 크게 다툰 날 밤, 한참 어두운 거실에 앉아 있었다. 어둠에 눈이 익자 새삼 집안 살림살이들이 눈에 들어왔다. 소파나 식탁처럼 덩치 큰 것은 말할 것도 없고 거실에 놓인 작은 디퓨저 하나까지 내가 골라 산 것은 단 한 개도 없었다. 모두 엄마가 골랐다.

　엄마는 자신의 실패를 받아들일 수 없어서 대신 내 삶을 살기로 한 걸까? 나는 이것을 계속 감당해야 할까? 아니, 감당할 수 있을까?

　해답은 분명했다. 나는 내 삶을 살아야 했다. 내 삶을 엄마에게 바친다고 엄마의 삶이 회복될 리도 없고, 그게 해결책도 아니었다. 엄마는 엄마의 삶을 살아야 한다. 나는 그날로 비밀번호를 바꾸고 엄마에게 더 이상 내 부엌에 들어오지 않았으면 좋겠다고 굳은 얼굴로 선언했다.

　착하기만 하던 딸이 표변하자 엄마는 혼란스러워했다. 당분간 엄마가 우리 집에 오지 않으면 좋겠다고 말하고부터 엄마는 시도 때도 없이 전화를 하기 시작했다. 어떤 때는 내가 얼마나 착하고 믿음직한 딸이었는지를 이야기하며 눈물바람을 했다가 어떤 때는 은혜도 모르는 배은망덕한 년이라고 소리를 지르며 욕을 퍼부었다. 나는 엄마 말이 끝날 때까지 잠자코 듣고 있다가 "그래, 다 필요 없어!"라며 내던지듯 전화가 끊기면 조용히 수화기를 놓았다.

아슬아슬해 보이는 지금 이 정도의 평화는 몇 년 동안 그런 시간을 거쳐 얻어낸 것이다. 엄마와 딸 사이는 성이 같고 비슷한 인생의 과제들을 거쳐 어른이 된다는 이유로, 또 각별히 여성이라서 요구되는 공감과 포용 능력에 대한 기대로 서로 완전히 이해하고 완전히 수용하는 관계로 신화화되곤 한다. 하지만 과연 그런 관계라는 것이 존재할까?

우리는 서로에게서 떨어져 나와 서로의 일부가 아닌 각자의 육체와 생각을 가진 객체로서의 삶을 응시할 수 있는 시간이 필요했다. 엄마가 울리는 전화벨 소리가 반가워질 때까지, 엄마가 내 삶에 다는 촌평들이 편안해질 때까지 아직 조금 더, 시간이 필요하다.

결혼 속으로 잡아끌었다가,
결혼 밖으로 떠밀었다가

실로 나는 재릿재릿하고 부르르 떨리며 달고 열나는 소위 사랑의 꿈은 꾸고 있을지언정 그 생활에 사장(私藏: 사사로이 간직한)된 반찬 걱정, 옷 걱정, 쌀 걱정, 나무 걱정, 더럽고 게으르고 속이기 좋아하는 하인과의 싸움으로부터 접객에 대한 범절, 친척에 대한 의리, 일언일동이 모두 남을 위하여 살아야 할 소위 가정이라는 것이 있는 줄 뉘가 알았겠으며, 더구나 빨아 댈 새 없이 적셔 내놓는 기저귀며, 주야 불문하고 단조로운 목소리로 깨깨 우는 소위 자식이라는 것이 생기어 내 몸이 쇠약해지고 내 정신이 혼미하여져서 "내 평생 소원은 잠이나 실컷 자 보았으면" 하게 될 줄이야 뉘라서 상상이나 하였으랴….

그러나 불평을 말하고 싶은 것보다 인생에 대하여 의문이 자라가며, 후회를 하는 것이 아니라 남보다 더 한 가지 맛을 봄을 행복으로 안다. 그리하여 내 앞에는 장차 더한 고통, 더한 희망, 더한 낙담이 있기를 바라며 그것에 지지 않을 만한 수양과 노력을 일삼아 가려는 동시에 정월(晶月: 나혜석의 호)의 대명사인 '나열(羅悅: 딸 이름)의 모(母)'는 '모 될 때'로 '모 되기'까지의 있는 듯 없는 듯한 이상한 심리 중에서 있었던 것을 찾아 여러 신식 모들께 "그렇지 않습니까, 아니, 그랬었지요?"라고 묻고 싶다.

나혜석, '모(母) 된 감상기', 『나혜석, 글 쓰는 여자의 탄생』, 장영은 엮음, 민음사, 2018, 236-237쪽 세상 모든 딸이 외치는 "나는 엄마처럼 살지 않을 거야"에서 '엄마처럼'이란 뭘까? 엄마들이 딸에게 주문하는 "너는 나처럼 살지 마라"의 '나처럼'은 또 뭘까? '엄마처럼' 혹은 '나처럼'에 담긴, 모호해서 거대한 그 세계를 어쨌든 거부하고자 했던 딸들은 그래서 그 뒤에 어떻게 됐을까? 나는 엄마보다 교육의 기회를 더 얻었으니까, 나는 다른 남자를 만났으니까, 나는 엄마랑 다른 사람이니까, 나는 다를 거라고 생각했다. 그러나 제도는 사람들의 삶을 어느 정도 규격화한다. 나 역시 엄마처럼 살지 않겠다고 생각했다. 그러나 결혼을 한 뒤로, 내 삶은 엄마와 비슷해지기 시작했다.

엄마는 자기 인생에 주어진 과제들을 빨리 해치우고 싶어 했다. 엄마는 자식 결혼까지가 자기 할 일이라고 생각했다. 결혼식장 혼주석에 앉아 있는 부모들을 보면 졸업식에 있는 것 같다고 느끼곤 했다. 건강하게 잘 키운 자식들이 사회에서 자기 몫을 하며 이제 독립하여 한 가정을 꾸릴 만큼이 되었음을, 가장 아름답게 꾸민 모습으로 일가친척과 아는 사람들에게 자랑하는 자리였다. 자신이 잘 살아왔음을 만천하에 고하는 그런 자리를 엄마는 간절히 원했다.

엄마의 숙제는 여동생이 이른 결혼을 하면서 속도가 붙었다. 동생이 예외적으로 너무 빨랐을 뿐 당시 나는 그렇게 늦은 나이가 아니었다. 그럼에도 주변에서는 "아직 팔리지 못한" 언니가 상처받을지 모르니 내 앞에서 말조심을 하라고 속삭였다. 그런 당부가 오가는 것을 알고도 모른 체했지만, 그렇다고 상처가 안 된 건 아니었다.

내가 스물일곱쯤 되자 엄마는 더 초조해했다. 결혼 시장에서 여자의 가치가 가장 높은 나이를 지나고 있었기 때문이다. 조바심이 없었다면 거짓말이다. 결혼을 꼭 해야겠다고 생각한 적은 없었지만 꼭 하지 말아야겠다고 다짐한 적도 없었기 때문에 나는 엄마가 주선한 맞선 자리를 마냥 거절하지도 못했다. 내심 정상적 삶에서 소외될까, 내가 상품가치가 있는 미혼 여성이라는 사실을 입증하지 못할까 두려웠다. 게다가 내가 가져보지 못한 이상理想 속 가정에 대한 소망도 꿈틀거렸다.

우리 세대에게 결혼은 선택할 수 있는 일이 아니었다. 적어도 나는 그렇게 생각했다. 그 시대에도 누군가는 선택할 수 있는 일이라고 생각한 사람이 있었으니 내 용기가 부족했던 것일 수도 있다. 만 7세가 되면 동사무소에서 입학통지서가 오고 학교에 가야 하는 것처럼 결혼도 모든 인생에 공평하게 주어진 과제여서 때가 되면 당연히 해야 할 일이었다. 결혼할 때가 되었음에도 결혼을 안 하고 있는 미혼 남녀는 뭔가 결격사유가 있다고 여겼다. 당시까지만 해도 대체로 분위기가 그랬고 나 스스로도 그랬다.

그래서 사회가 암묵적으로 정해둔 결혼 적령기가 지나가면 사람들은 자신이 정상이며 신체와 정신이 건강한 사람임을 증명하지 못했다는 데 초조함을 느꼈다. 간혹 전문직이나 사회적 지위가 있는 남자들에게 "일을 하느라 때를 놓쳤다"는 양해 사항이 따라 붙기도 했지만 여자들에게는 외모와 함께 결혼 적령기는 아주 중요한 문제였다. 그래서 스물일곱 무렵부터 전방위 압박이 시작되었다. 엄마는 나의 여성스럽지 않은 외모 때문에 초조해했는데 그런 내가 스물일곱을 지나고 있으니 압박이 더 거세진 것이다.

그때 나는 내가 일하던 곳에서 가장 어린 여자였다. 나는 직장에서 연애는 하느냐, 결혼은 안 하느냐는 질문을 자주 들었다. 심지어 아무 상관없는 옆 부서 사람이 어느 날 내 얼굴을 찬찬히 보다가 어릴 때 장난감 때문에 난 작은 흉터를 찾아내고는 "이 흉터 때문에 결혼을 못하는 거였네!"라며 결혼하지 못하는 대단한 이유라도 찾았다는 듯 떠들기까지 했다.

외모가 뭐가 중요하냐고 공공연히 말하던 사람들이 대놓고 덧붙였다. "그런데, 예쁜 여자들이 사랑받으면서 자라서 성격도 좋고 심성도 고와." 회의 자리에서 내 의견을 정확하게 말하면 이런 말을 들었다. "결혼하면 남편이 피곤하겠어." 외국 유학을 마치고 돌아와 우리 잡지에서 일하다 일간지 기자로 간 선배의 결혼이 늦자 여자가 키 크고, 가방 끈 길고, 집안 좋으면 결혼하기 힘든데 그 선배가 그런 조건을 다 갖췄다고 공공연히 이야기하는 것도 들었다. 그렇게 여성에게 외모와 나이, 여성스러움은 특히 결혼 시장에서 중요하게 여겨졌다.

특히 엄마의 독촉과 초조는 내게 무력감을 안겼다. 나이가 찬 미혼의 딸이 있다는 사실을 안 사람들이 자발적으로 가져오기도 했겠지만 엄마가 적극적으로 알아온 혼처도 많았다. 사랑은, 내게 현실이 아니라 어떤 이상 같은 것이어서 그게 현실이 되는 일은 무서운 것이었다. 나는 현실 속 남자들보다 저 너머에 있는 남자들을 사랑했다. 그들은 완벽했다. 그래서 대부분 짝사랑이었다. 현실 속 남자를 사랑해서 결혼이라는 결론에 도달해야 한다는 건 일종의 공포영화 같았다. 내게 현실은 엄마와 아빠가 만든 가정이었다. 나는 그것과 다른 가정을 만들 자신이 없었다. 나는 결혼이 그다지 행복하지 않았던 엄마가 딸들의 결혼에 그토록 목 매는 이유를 가끔은 이해할 수 없어서 성가시고 짜증이 났다.

스물일곱부터 결혼하기 전까지 1년이 안 되는 시간 동안 여러 선 자리에 나가서 세상 조신한 신붓감 역할을 연기하고 오면 피곤했다. 엄마는 조건이 이러저러한 남자들과 만남을 주선하고는 선 자리에서 돌아온 내가 "별로"라고 하면 그 정도면 괜찮지 않냐는 식으로 이야기하곤 했다. 내가 별로인 사람도 있었고 나를 별로로 여긴 사람도 있었다. 사랑? 말이 통하는 사람? 친밀감? 취향이 비슷한 사람? 결혼의 조건이 어떤 것인지 알지 못했고, 학력과 직업과 집안 사정이라는 간단한 프로필만으로 결혼을 염두에 두고 계속 만나도 될 사람인지 결정해야 했다.

엄마가 이 정도면 괜찮지 않냐는 이야기를 할 때마다 내가 너무 별로라서 대충 조건이 맞는 사람 중에 나 좋다는 사람이 있으면 그 사람과 결혼을 해야 할 것 같은 기분이 들었다. 엄마는 가끔 너무 객관적이라 내가 남자들이 한눈에 반할 만큼 예쁘지 않다는 것도 잘 알았고, 고집이 세고 자기주장이 강해서 남자들이 좋아할 성격이 아니라는 것도 순순히 인정했다. 게다가 자신이 그렇게 생각한다는 사실을 내게 숨길 생각도 별로 없었다.

나는 나를 결혼 상대로 별로라고 생각하는 남자들보다 엄마가 생각하는 결혼 시장에서의 내 값에 더 상처를 받았다.

거기엔 나를 빨리 해치워야 하는 엄마 숙제로 여기는 태도도 포함됐다. 그러나 가장 화가 나는 건 나 자신에게였다. 결혼하고 적당히 일하다가 아이를 둘쯤 낳고 가정주부가 되는 미래 외에 다른 가능성을 상상할 수 없는 나 자신에게 화가 났다. 결국 나는 결혼을 하게 될 터였다. 그렇게 될 거라면 굳이 혼기를 놓칠 이유가 없었다.

맞선 자리와는 동떨어진 엉뚱한 곳에서 인연을 만나 너무 늦지 않게 결혼했다. 대수로울 것도, 극적일 것도 없었다. 심부름을 하러 오빠 회사에 갔다가 우연히 마주친 오빠 상사와 인연을 맺게 됐고 그게 결혼까지 이어졌다. 결혼을 결정하기까지 별로 오래 걸리지 않은 건 중간에 낀 오빠 덕분에 서로에 대한 믿음이 깔려 있었기 때문이다. 지금은 30대 결혼이 당연한 일이지만 당시에는 둘 다 결혼 적령기(서른넷의 남편은 노총각 소리를 들었다)였다는 점도 한몫했다.

'결혼 적령기' 때문에 초조해하기는 남편도 마찬가지였다. 남편을 막내로, 그것도 당시로서는 많이 늦은 나이에 낳으셔서 우리가 결혼할 당시에 이미 칠순을 넘기셨던 시어머니는 남편이 취직해 지방 근무지로 내려간 스물일곱부터 품속에 남편 증명사진을 넣고 다니셨다. 병원이든 사찰이든 사람이 모인 곳이면 "우리 집에 우환이 하나 있는데…"를 말머리로 남편 사진을 꺼내 드셨다.

결혼을 한 후, 남편은 선을 본 것만도 백 번은 넘고, 호텔 커피숍에서 차 마신 돈과 괜찮은 레스토랑에서 저녁 먹고 영화 보는 데 쓴 돈만 모았어도 집을 한 채 살 수 있었을 거라고 진지하게 말했다. 무엇보다 결혼해서 정상 취급을 받는 게 얼마나 좋은지 모르겠다고 속시원해했다. 일을 하는 과정에서 조금만 까다롭게 굴어도 동료나 상사에게 "저러니 장가를 못 갔지, 쯧쯧" 소리를 듣는 게 그렇게 억울했단다.

서른넷의 남자에게나 스물여덟의 여자에게나 세상은 그랬다. 우리는 혼자 살거나 함께 살거나를 선택할 수 있다는 생각을 떠올려본 적이 없다. 다른 형태의 가족이나 가정을 상상해본 적도 없다. 젊을 때는 그래도 괜찮았다. 나이든 우리의 미래, 더구나 여자의 미래는 남편이 생존했든 사별했든 어쨌든 한 가정의 안주인이었다. 아무리 결혼이 낭만적인 사랑의 결실이라고 떠들어봤자 결혼은 잔인한 현실이었다.

하긴 연애에도 별로 환상이 없었다. '사랑'이라는 감정에 회의와 불신도 많았다. 드라마와 소설이 보여주는 숱한 사랑은 보기엔 달콤했지만 막상 내 현실이 된다면 너무 피곤할 거 같았다. 하지만 착각이라는 걸 잘 알면서도 이게 사랑이겠거니 속는 체하며 결혼을 하게 될 거라는 것도 잘 알고 있었다. 결혼과 결혼이 만들 '가족'이라는 게 내게 무엇을 줄 수 있을지 잘 알고 있었으니까.

여자들은 사랑 때문에 결혼하지 않는다. '이 남자가 내가 이렇게 좋아서 결혼을 하자는데, 내가 뭐 그렇게 대단하고 잘났다고 이 남자를 거절하나?' 대부분 여성들의 결혼 결정에는 이런 마음이 깔려 있다. 팻 블루는 결혼 생활 30년 동안 남편의 지속적인 외도로 세 번의 결혼과 이혼을 반복한 엄마를 인터뷰해 엮은 책 『엄마』에서 이렇게 말했다.

엄마는 아빠를 보며 느끼는 깊은 연민에 대해서 내게 얘기해주었다. 당신은 고통에 처한 사람들을 차마 그냥 지나치지 못하는 성격이라며, 그래서 만약 누군가가 당신의 도움을 필요로 한다면 그를 돕기 위해서는 당신에게는 어떤 어려움이 있더라도 그 사람을 도왔을 거라고 말했다. 엄마는 그 시절들을 왜 아빠와 함께 살았을까? 나는 전에도 여러 번 이 질문을 엄마에게 던졌다. 그리고 아직도 그 질문을 계속하고 있다. 엄마가 내게 준 대답을 나로서는 도저히 받아들일 수 없었기 때문이다.

팻 블루, 『엄마』, 김수경 옮김, 인향, 2004, 185쪽

비밀을 하나 말하자면, 여자들은 연민 때문에 결혼한다. 엄마도 그랬고 나도 그랬다. 우리는 모두 자기 마음이 향하는 곳이 어디인지 똑바로 보라고 배우지 않는다. 우리는 연

민할 대상을 찾아 마음을 퍼붓는다. 그걸 사랑이라고 생각한다. 여자는 그래야 한다고 배운다. 남편이 보여준 애틋함이 결혼을 결정하게 했지만 나는 본능적으로 알았다. 이제 나는 남편이 나를 사랑한 것보다 그를 더 많이 연민하게 될 거라는 사실을.

결혼 생활은 '생활'이라는 피할 수 없는 거대한 짐을 실은 수레를 끌고 가는 것과 비슷했다. 그 수레를 끌고 도착해야 하는 곳이 어딘지 모른다는 게 답답했지만, 이 정도 살고 보니, 그렇게 수레를 끌고 이리저리 움직인 그 길 자체가 그냥 삶이었다.

남편과 나는 다른 사람이었지만 수용할 수 없을 정도로 다르지는 않았다. 서로 다른 점이 좋아 보이기도 했다. 때로 불화했어도 봉합할 수 없을 정도로 막 나가지는 않았다. 함께 안정되게 거처할 집을 마련하고 아이를 키우고 조금씩 나아가려고 할 때, 도움은 못 줄망정 최소한 방해가 되지 않으려 노력하며 우리는 서로에 대한 믿음과 애정을 키웠다. 합의할 수 있는 다름은 합의했다. 그럴 수 없는 것들은 수용했다. 무엇보다 우리는 '안정'과 '편안함'을 갈망하는 사람들이었다. '부모와 아이'로 이루어진 정상가족이라는 배는 우리를 '안정'이라는 큰물에 띄워놓았다.

이제까지 잔물결이 일기는 했어도 다행히 배를 뒤엎을 만큼 큰 파도는 없었다. 남편은 자신은 가장의 책임을 지느라 힘겨운데 나는 내가 하고 싶은 대로 맘껏 살았다고 생각하는 것 같다. 그러나 나는 결혼한 여자가 해야 할 일에 묶여 정작 나답게 살지는 못했다고 생각한다. 오랫동안 '착한 여자' 콤플렉스에 지배되어왔고 여전히 그 영향력 아래 살고 있는 만큼 마땅히 해야 할 일들을 군말 없이 해왔다.

나는 따뜻하고 편안한 가정의 지킴이로 남편과 아이들이 언제나 돌아와 쉴 수 있는 곳을 지속하는 사람이다. 정상가족의 틀 속으로 들어간 나는 그것이 격정적인 사랑의 결과물이 아님을 잘 안다. 다만 그 안에 들어감으로써 이 사회에 안전하게 받아들여졌다. 내 손의 결혼반지는 어떤 측면에서 나를 보호해주었다. 남자들의 일상적인 집적거림이나 나 스스로를 피곤하게 만드는 괜한 긴장 같은 것들로부터.

가정 안에 얼마나 많은 모순과 격파해야 할 부조리들이 있는지 나도 느낀다. 하지만 어떤 측면에서 보자면 나는 그 모순과 부조리 들을 대충 모른 체하는 가부장제의 수호자였다. 그렇다고 그걸 느끼지 못할 수는 없었다. 아이를 키우는 일은 몸과 마음을 다해야 했기 때문에 종종 그다지 크지도 않은 내 야심과 양립할 수 없었다. 대가가 없으면서도 그렇다고 사소하지도 않은 가사노동 때문에 집에 있는 동안 나는 무력해졌다. 친인척들의 관혼상제를 챙겨야 하는 끝없는 감정 노동과 불균형한 권력 관계에서 오는 시댁과의 미세한 마찰은 간혹 상처가 되곤 했다. 그러나 이런 것들을 말로 하려면 명확한 언어를 찾을 수 없었다. 게다가 그런 말들은 감정적이고 모호하고 사소한, 전형적인 여성의 언어로 폄하되곤 했다.

나는 내가 정상가족 안에서 의식하지도 못한 채 숱한 기득권을 누리면서 그렇지 않은 사람들을 나도 모르게 차별하고 있는 건 아닌지 자기 검열을 하면서도 한편으로는 안도했다. 나는 엄마처럼 나쁜 남자를 만나지는 않았다. 남편은 적어도 내 생각을 존중하고, 혹시 이해할 수 없거나 잘 몰라도 무시하거나 윽박질러 굴복시키려 하지 않는다.

사랑이 서로가 완전하게 일치하거나 어느 세계가 다른 한 세계로 녹아드는 것이라고 생각하지 않는다. 운이 좋았다. 남편과 나는 이만 한 세월을 부대끼는 동안 편안해졌고 육아 같은 어려운 과제를 함께 해결하며 전우애를 다졌다. 서로를 의지하되 존중하며 애면글면 일궈온 우리 가정을 자랑스러워한다. 이 말이 부부와 아이로 이루어진 가족만이 최고 혹은 전부라는 뜻은 아니다. 그저 이만 한 시간과 정성을 들인 가정이 내 삶의 영광이 될 수 없다면, 내가 몇 십 년 동안 한 것은 대체 무엇일까 하는 것뿐이다.

그럼에도 나는 내용이야 어쨌든 형식적으로 정상가정을

이룬 엄마의 삶에서 조금도 나아가지 못했다고 생각하곤 한다. 공부도 나만큼 못했고, 직업을 가져본 적도 없으며, 무엇보다 자기 자신의 욕망이 무엇인지 고민해보지 못했을 엄마가 늘 내 머리 위에서 나를 내려다보고 있다고 느낀다. 거기서 나를 두고 비아냥거리고 있다고 느낀다. "넌 많이 배웠고 직업도 있었고 무엇보다 네가 뭘 원하는지 알았으면서도, 고작 내가 이룰 수 있는 것 정도를 이룬 거야?"

그렇게 나를 힐난하는 엄마와 결혼하지 않겠다고 공공연하게 떠들고 다녔던 내가 정말로 정상 가정의 안주인이 못 되면 어쩌나 안달한 엄마, 그 사이에서 나는 영원히 위축되어 있다. 그리고 포기 못할 사랑 때문도 아니었으면서 전사나 혁명가가 되지 못한 용기 없는 나 자신과 다른 선택이 가져올 새로운 미래를 상상하지 못했던 구태의연한 나, 결국 가부장제를 지키는 최전선에 떠밀리듯 어물쩍 서 있었던 나에 대해 부끄러워한다.

'나처럼' 살지 말라던 엄마는 한 손으로는 내가 안전할 수 있도록 제도 안으로 잡아끌었고, '엄마처럼' 살지 않겠다는 나를 엄마는 다른 한 손으로 여기서 나가라고 떠밀었다. 엄마에게서 딸로 이어지는 여자들의 세계에서 나뿐 아니라 모든 여자들은 양쪽으로 끊임없이 분열되고 찢어진다.

엄마 됨의
권능과 무능

엄마의 시각에서 보면 무력함은 생생한 진실이다. 하지만 어른들이 자기 엄마를 자신의 신체 활동과 감정적 삶에 막대한 권력을 가졌던 존재로 기억하는 것은 환각이 아니다. 특히 엄마가 아이 한두 명과 고립되어 있다면 엄마의 욕망과 기분, 스타일이 아이의 선택을 결정한다. (…) 아이들은 엄마가 권력이 있으면서도 무력한 존재하는 사실을 이해하기 어려워한다. 아이들은 엄마라는 존재에 맞서고 또 의존하며, 필연적으로 엄마를 사랑하는 동시에 원망한다.

사라 러딕, '‘엄마들’에 대해 말하기', 『분노와 애정』, 사라 러딕 외 지음, 모이라 데이비 엮음, 김하현 옮김, 시대의창, 2018, 280-281쪽 엄마와 나의 문제는 내가 결혼을 하고 난 후에 더 골치 아파졌다. 내가 결혼한 후에도 엄마는 나를 떠나보내지 못했다. 도리어 친절하고 살가운 아들 하나를 얻은 거라고 생각했다. 물론 엄마의 착각이었다. 아들에게도 기대하지 않는 것을 사위에게 바란다는 건 말이 안 될뿐더러 염치없는 일이었다. 그런데 엄마는 몰랐다. 그리고 엄마는 자신은 다르다고 생각했다. 엄마는 자신이 좋은 사람이고 이성적이고 합리적이라 생각했다. 그런 자신의 요구는 무리한 것이 아니라고 여겼다. 결혼을 준비하는 단계에서부터 작은 의견 차이들이 조금씩 쌓여갔다.

시댁에서는 서울에서 위치가 웬만한 곳에 빌라 전세를 얻는 게 어떨까 했다. 엄마는 작아도 아파트가 생활하기 편리하다고 했다. 우리는 옥수동쯤 되는 서울 중간 지역의 빌라들을 돌아보았지만, 결국 엄마 뜻대로 경기도 과천에 열세 평짜리 아파트를 전세로 얻었다. 시댁에서는 다른 며느리들과 비슷하게 3부 정도의 다이아몬드 반지를 결혼반지로 생각했다. 엄마는 다른 패물은 작거나 생략해도 좋으니 다이아몬드는 5부 이상이면 좋겠다고 했다. 남편은 별말 없이 엄마 의견을 따랐다. 이미 한 번 동생 결혼식을 치렀으면서도 엄마는 딸 결혼식을 치르면서 자기 결혼을 준비하는 사람처럼 들떴다. 예식장만 남편 회사에서 제공하는 곳으로 정하고 사진이며 드레스며, 모든 준비를 엄마 뜻대로 했다.

엄마는 딸이 결혼할 때 허용되는 과소비에 현혹됐다. 엄마는 엄마가 사고 싶었던 그릇과 냄비와 이불과 한복과 예복을 마음껏 구경하고 망설임 없이 샀다. 결혼하기 전까지 내가 번 돈은 그렇게 큰돈은 아니었지만 받으면 받는 대로, 생기면 생기는 대로 엄마에게 갖다주었기 때문에 결혼 예산에 대해서도 나는 잘 몰랐다. 엄마가 좋다는 대로 따르고 샀다. 남편이나 나나 직장 생활을 하느라 시간이 없었으므로 엄마는 떳떳했고 공치사까지 할 수 있었다.

그 나이 되도록 자기 수입을 직접 관리하고 운용하지 않은(못한) 것은 지금 돌이켜보면 한심한 일이다. 그러나 그때 만약 자식들이 자기 수입을 알아서 관리하겠다고 했다면 엄마는 배신감을 느꼈을 것이다. 엄마는 자식들의 경제권을 관리함으로써 자식과의 돈독한 유대 관계와 함께 지배력, 영향력 등을 확인하고 싶어 했다. 나와 오빠는 급여 통장을 엄마에게 맡겼고 엄마는 우리에게 용돈을 주었다. 엄마는 자신이 관리한 덕분에 돈을 잘 모았다고 이야기하곤 했다.

그럴 수도 있다. 그러나 어디까지나 결혼 전까지여야 했다. 결혼을 한 후에도 엄마는 자식들에게 이런 영향력을 행사하고 싶어 했다. 한 달 급여 범위 내에서 콩나물 사고 두부 사는 살림살이에까지 훈수를 두지는 않았지만(종종 두기도 했다) 적금 만기가 되거나 목돈이 생기면 그 돈을 어떻게 운용해야 하는지 엄마에게 물어보고 결정하거나 엄마가 지시한 대로 해야 한다고 믿었다. 내가 적금을 타서 목돈이 생길 거라는 사실을 알면 그 돈을 어디에 써야 할지 미리 생각해 뒀다. 어떤 때는 누군가에게 돈을 빌려줘야 한다고 주장했다. 어떤 때는 특정 지역에 아파트를 사야 한다고 강권했다.

"내가 이 집 들어와서 살림 말아먹었니?"

엄마는 자신의 지난 삶을 증거로 내밀기 좋아했다. 엄마는 아무것도 없이 시작한 결혼 이후 네 아이를 키우면서도 집을 샀고 부동산에 투자해 약간의 여윳돈도 마련했다. 세상이 격려하는 삶을 성공적으로 살아냈다는 자신감과 자부심이 있었다. 한국의 경제 발전이 수직 상승하던 시대가 선물한 삶이었다. 우리가 결혼한 때는 경제 성장이 둔화되고 IMF 구제금융이 시행되기 직전이었다.

내가 결혼하고 1년여 뒤에 오빠가 결혼했다. 엄마는 오빠가 결혼할 때도 마찬가지였다. 엄마는 결혼을 앞두고 좀 넓은 평수로 전세를 얻을지, 작은 평수라도 집을 살지 예비 올케에게 의견을 물었다. 오빠 부부는 어차피 융자를 끼는 조건이니 좀 넓은 집에서 쾌적하게 지내고 싶다고 했다. 그러나 엄마는 이미 마음속으로 집을 사는 게 좋겠다는 결론을 가지고 있었고 자신이 원하는 답이 나올 때까지 집요하게 묻고 또 물었다. 오빠와 올케는 마지못해 엄마 의견에 따랐다.

그때 엄마 말대로 집을 산 덕에 집값이 올라 나중에 오빠 가족이 더 넓은 집을 장만하는 데 힘이 되었는지 어쨌는지 그건 모르겠다. 오빠가 직장 생활을 해 모은 돈을 종잣돈 삼긴 했어도 집 산 돈의 일부는 부모님이 마련해준 돈이니 그 선택에 엄마의 지분이 일부 있다고 주장할 수도 있겠다.

그러나 과정이야 어쨌든 타당성이야 어떻든, 시간이 지난 후 오빠와 올케의 기억에는 '그때 우리는 이렇게 하고 싶었는데 엄마가 강권해 저렇게 했다'는 원망만 남았다. 반면 엄마에게는 '내가 작은 집이라도 사라고 한 덕에 아들이 집 장만을 수월하게 했다, 역시 경험에서 나온 내 조언이 자식들 삶에 보탬이 되었다'는 기억으로 남았다.

엄마는 자식들의 중요한 결정에 조언하고 싶어 하고 그것이 자신의 중요한 임무와 책임이라고 생각했다. 그런 엄마를 이해할 수 없는 건 아니다. 문제는 성인이 된 후다. 사람은 스스로 결정하고 책임질 수 있는 영역이 늘면서 비로소 어른이 된다. 어른이 된 자식에 대한 부모의 보호는 더 이상 보호가 아니다. 간섭이고 억압이고 강요다.

엄마가 건넨 조언에 자식들이 무심할 때마다 엄마는 불같이 화를 냈다. 집을 사고파는 것 같은 큰일이든, 인간관계에 관한 것이든, 하다못해 친구나 친인척 관혼상제에 부조를 얼마나 해야 적절할까 같은 사소한 것이든, 엄마는 자식들 일에 의견을 보태고 싶어 했다. 그리고 자식들이 그 의견을 순순히 따르기를 바랐다. 중요한 결정에 앞서 자신에게 의견을 묻지 않거나 자신이 건넨 조언이 무시당했다고 느끼면 불호령이 떨어졌다.

엄마는 언제까지고 자식들이 자신의 말을 절대적으로 믿고 따르기를 바랐다. 세대가 달라지고 상황이 달라졌음에도 자신의 경험과 자신의 세대에 통했던 원칙들을 되뇌었다. 우리들이 그에 호응하지 않거나, 그것이 틀렸다거나 이제는 달라졌다거나 하면 자식들마저 자신을 무시한다고 신세타령을 했다.

나는 결혼한 후에도 오랫동안 엄마의 이런저런 충고와 조언에 귀 기울였다. 그리고 엄마는 조언을 할 수 있는 권한과 자신의 권유가 받아들여졌을 때의 만족감을 삶의 활기로 삼았다. 권한과 만족감이라고는 하지만 더 정확하게는 일종의 권력이었다. 아직도 기억한다. 아이 둘을 낳고 육아 때문에 인천 엄마 집 근처에 처음 우리 집을 장만했을 때, 엄마는 신이 나서 백화점 쇼핑을 다니며 가구들을 점찍어두고는 나를 데리고 갔다. 나는 카드 결제만 하면 됐다. 디자인도 가격도 내가 선택하지 않았다.

나는 점점 내가 선택하는 모든 것을 의심하고 자신없어했다. 내가 그러는 동안 남편은 우리 집에서 일어나는 모든 일을 엄마가 알려 하고, 모든 일에 관여하려 들고, 또 명령하려 드는 걸 견뎌야 했다. 엄마가 기대한 것은 '아들 같은 사위'가 아니라 '딸 같은 사위'였다. 남편은 아내를 낳고 키워준 장모님을 존중했다. 인생을 더 오래 경험한 선배로서 엄마의 조언에 귀 기울이려고 했다. 착한 딸처럼. 나는 그런 줄도 몰랐다. 그렇게 시간이 지나갔다.

올케와 오빠가 엄마의 간섭을 더 이상 받아들이지 않자 엄마는 우리 집에 아예 살다시피 했다. 그맘때 남편이 다니던 대기업은 IMF 구제금융의 여파로 부도가 났다. 남편은 자영업을 알아보기도 했다. 그때만큼 엄마가 신난 적은 없었다. 엄마는 이런 사업이 좋다더라 저런 사업은 어떠냐 알아보고는 우리를 끌고 다녔다. 최종 책임은 지지 않아도 되면서 중요한 의사결정에 영향을 미칠 수 있다는 쾌감이 엄마를 신나게 했다.

엄마는 자신이 그런 쪽으로 경험이 전혀 없다는 사실, 엄마가 이룬 것들은 우연과 운이 만들어낸 일시적인 결과라는 사실을 잘 모르는 듯했다. 우리가 살아야 하는 집을 살 때도, 투자 목적의 집을 엄마와 함께 살 때도, 월세를 준 가게의 세입자가 속을 썩일 때도 그 일을 함께 결정해야 했을 남편과 나를 제치고 엄마가 나섰다. 우리와 엄마의 이해관계가 얽히게 될 때, 엄마는 자신이 틀리지 않았음을 입증하기 위해 앞뒤가 안 맞는 말을 하곤 했다. 남편은 그런 엄마에게 점점 신뢰를 잃어갔다.

엄마는 결혼할 때는 물론이고 그 후로도 우리 일을 덜어준다는 핑계로 대신 집을 보러 다니고 땅을 보러 다녔다. 경기도 인근에 있는 땅들을 보러 다니다가 마음에 드는 땅이 나오면 우리도 데려갔다.

"여기에 집을 지어서 정원을 가꾸면 예쁘겠다. 너희가 집을 지으면 내가 살면서 잘 가꿔서 너희에게 물려줄게. 같이 살아도 좋고."

엄마의 모든 결정과 조언에 순순히 따르는 편이었다. 엄마가 하는 그런 말들도 그냥 그러려니 대수롭지 않게 들었다. 그러나 남편은 혼란스러울 수밖에 없었다. 내가 그런 상황에서 엄마에게 아무런 반응을 하지 않는 것에는 배신감을 느꼈다. 남편은 나를 이런 상황의 공모자로 생각해 나에 대한 서운함이 커졌다. 나는 도리어 그런 남편을 종종 오해했다. 엄마가 지나치게 내 삶을 장악하고 있다고 느끼고서야 엄마의 행동이 얼마나 황당한지 아연실색했다.

저 땅을 사야 하는 사람은 누구고, 거기에 돈을 들여 집을 지어야 하는 사람은 누구인가? 그리고 거기에서 살 사람은? 엄마는 나와 떨어져 살 생각이 없었던 것일까? 나와 가정을 꾸린 사람은 누구인가? 그제야 내가 결혼을 한 후에도, 특히 엄마가 아빠와 헤어진 후로는 엄마가 자기 집 드나들 듯 우리 집을 휘젓고 다니고 있었다는 걸 깨달았고, 뒤늦게 그건 부당한 일이라는 자각이 들었다.

남편과 나는 종종 엄마 때문에 다퉜다. 나는 엄마를 점점 미워하게 됐다. 더 이상은 안 되겠다 싶어 엄마를 멀리하기 시작한 후, 나는 엄마를 이해해보려고 노력했다. 이혼을 한 후 엄마가 느꼈을 상실감과 일종의 패배감, 여전히 자신이 살아 있고 중요한 사람이라는 인정을 얻기 위한 분투, 누군가에게 사랑 받고 존중받고 있다는 감각, 엄마에게는 이 모든 것이 필요했을 것이다.

모든 엄마는 자식이 아이일 때 자신이 누렸던 전능함을 기억하고 있다. 인간은 권력을 통해 자신이 이 세계에 필요한 사람이며, 이 세계에 영향을 미칠 수 있는 능력을 누린다. 나는 엄마들이 처하는 수많은 모순의 층위를 사라 러딕의 글을 읽다가 깨달았다. 아이에게 엄마는 거대한 존재지만 엄마는 사회 속에서 스스로를 무력한 존재로 경험한다. 그렇기 때문에 엄마들은 엄마 노릇에 내재된 소유욕이나 독선 같은 유혹에 쉽게 넘어간다.

"내가 하는 말이 다 맞아!"

나는 종종 엄마가 신경질적으로 우리에게 내지르는 저 말 속에서 엄마가 겪어냈고 앞으로도 벗어날 수 없을 무력감의 흔적을 발견한다. 나 역시 엄마가 되고서 느낀 그 몇 겹의 딜레마에 대해, 엄마 노릇이 품고 있는 유혹에 대해 문득문득 소스라치게 놀라곤 한다.

이제 엄마는 일흔셋이 되었다. 그럼에도 엄마는 여전히 내가 어린 시절의 나로, 아주 연약한 존재가 되어 엄마의 품으로 되돌아오기를 끊임없이 바란다.

내가 더 이상 그럴 수 없다는 것을 엄마는 끝내 받아들이지 못할 것이다. 내가 한국을 떠난 것은 거처를 옮긴 것이기도 하지만 자신의 공허를 받아들일 수 없는 엄마를 떠난 것이기도 하다. 나는 지금 평화롭지만 가끔씩 두려움을 느낀다. 내가 엄마라는 사실, 그 엄마 됨이 가진 무능과 권능이 언제고 나를 헤집어놓을 수 있다는 사실, 그것이 결국 아이들을 찌르게 될 거라는 선명한 공포 때문이다.

엄마와 딸,
양육의 공동체

근대 이후, 여성은 가족을 대표하고 남성은 사회를 대표하게
되었다. 이것이 공·사 영역분리의 성별화이다. (…) 공·사 분
리 제도를 통해 여성은 남성과는 다른 형태로 국가, 사회와
관계를 맺게 된다. 공적 영역은 남성만을 주체로 세우기 때문
에 여성이 공적 영역과 관계를 맺거나 경찰, 법 같은 공적 자
원을 이용하려면, 가족 제도를 통해 남편을 매개할 때 가능하
다. 가부장제 사회에서 여성은 한 사람의 개인으로서보다는,
'누구의 아내'일 때 정상성을 획득하고 더 많은 '자원'을 갖게
된다. 때문에 여성에게는 사회적 시민, 노동자의 정체성보다
아내, 어머니 등 성역할 정체성이 우선시되며, 여성의 다양한
사회적 정체성은 성역할로 환원된다.

정희진, 『페미니즘의 도전』, 교양인, 2005, 160-161쪽

둘째 아이가 태어나고 얼마 안 돼서 전 직장의 상사가 함께 일해보자고 제안을 했다. 전 직장은 급여는 적었어도 일이 좋아 사랑해 마지않던 곳이었다. 거길 그만둔 건 둘째 출산을 앞두고서였다. 큰아이를 떼어놓고 지내는 것도 마음에 걸렸고 아무래도 둘을 엄마에게 맡기긴 어려울 거라고 생각했다. 스스로도 아이들을 내 손으로 키우지 않으면 나중에 마음에 걸릴 것 같았다. 그렇게 일을 그만두었는데 제안을 받고는 오래 고민하지 않았다. 일을 하겠다고 했다.

엄마의 전폭적인 지원이 아니었다면 엄두도 못 낼 일이었다. 딸을 많이 둔 우리 엄마는 우리가 결혼하기 전부터 반찬은 해줘도 아이는 못 봐준다고 선을 그었다. 육아가 힘든 일이기도 하고 아이들을 별로 좋아하지 않기도 해서다. 하지만 엄마는 결국 내 아이들 육아를 떠맡을 수밖에 없었다.

일하는 여성들이 사회생활로 바빠지면 가장 우선으로 매달리는 것은 육아다. "다른 건 안 해줘도 좋으니 제발 아이만 맡아줘" 하는 상태가 된달까. 그러니 우선순위에서 밀리는 집안일보다 육아를 가장 믿을 만한 사람에게 맡긴다. 더욱이 아이들이 세 돌이 될 때까지는 양육자가 한 사람이어야 좋다는 것이 알려진 상식이었다. 그럴 수 없다면 아이를 맡아줄 사람이 낯선 이가 아니라 외할머니라면 더 안심할 수 있을 터였다. 친정엄마는 믿을 만한 사람이기도 하고 만만한 사람이기도 했다. 그러니 두 아이를 엄마에게 맡기고 일을 시작하기로 했을 때, 아이와 나, 엄마 모두 만족할 만한 결정이라 생각했다.

아예 엄마 집 근처로 이사했다. 큰아이를 7개월 이상 친정에 떼어놓아 아이를 보러 퇴근을 친정으로 하는 경우가 많았어서 둘째까지 그렇게 하고 싶지 않았다. 재테크고 뭐고, 인천으로 집을 옮길 때는 망설임도 없었다.

새로 일하기로 한 직장은 1990년대 말 2000년대 초 한국 경제를 들끓게 했던 벤처 회사 중 하나였다. 인터넷 환경을 기반으로 반짝이는 아이디어를 더해 이른바 '대박'을 낸 벤처 기업들이 강남 테헤란로에 모여 불야성을 이루던 때였다. 고수익을 꿈꾸는 '묻지 마' 투자금이 그럴싸한 아이디어를 내세운 기업에 앞다퉈 몰려들었다. 벤처 기업에 입사하려는 사람들 사이에서는 당장 급여는 적어도 스톡옵션이 액면가의 수십 배가 되었다는 근거 없는 소문도 떠돌았다. 안정된 대기업을 다니던 사람들도 기대에 부풀어 직장을 뛰쳐나왔다.

이제 막 시작한 벤처 기업의 업무량은 상상 이상이었다. 매일이 야근이었다. 아직 둘째 아이 젖도 떼기 전이라 아무리 칭칭 동여매도 상의로 젖이 번졌다. 젖몸살의 고통도 견디기 힘들었다. 말 그대로 끙끙 앓으며 일을 했다. 아이 둘을 키우면서 일도 잘해낼 거라 생각하다니 대단한 망상이었구나, 일을 하는 내내 깨달아야 했다. 일이야 피곤한 대로 해내면 그만이었다. 정작 내가 더 괴로웠던 건 아이들을 제대로 돌보지 못한다는 자책 그리고 아이들을 돌봐주는 엄마였다.

엄마는 자신의 노고를 알아주기를 바랐다. 그 노고는 다달이 드리는 용돈 정도로는 보상이 되지 않았다. 말도 안 통하는 두 어린아이를 시시때때로 먹이고, 기저귀를 갈아대고, 달래고 어르고 하는 일이 얼마나 힘든지 안다. 하지만 내게도 시간이 필요했다. 내 몫의 회사 일이 있었고 엄마가 도와준다 해도 어쨌든 집에 오면 내가 해야 할 집안일이 있었고 챙겨야 할 세시와 집안의 대소사들이 있었다. 엄마가 없는 시간에는 당연히 아이들의 엄마 노릇도 해야 했다.

게다가 대부분의 회사 일은 집에 돌아온다고 끝나지 않는다. 어떤 일들은 집에 돌아와서도 여전히 머릿속을 맴돌았다. 어떤 일들은 집에서라도 처리해야 해서 일을 할 물리적 시간과 공간이 필요했다. 쉬는 날에도 작은 방 손바닥만 한 책상 앞에 앉아 키보드를 두드려야 할 때가 많았다. 엄마는 내게 필요한 그런 시간에까지 종종 침범해 들어왔다. 발등에 불이 떨어져 쩔쩔 매느라 엄마의 노고를 알아주는 그 일에 소홀하면 엄마는 서운해했다.

시부모나 처가 식구들에게 육아를 의탁할 수밖에 없는 일하는 여성들이 흔히 겪는 딜레마다. 가족이라는 특수관계는 아이를 돌보거나 집안일을 돌보느라 들인 육체적, 시간적 헌신에 적당하게 보상하는 메커니즘이 훨씬 복잡하다. 경제적 보상도 섭섭지 않아야 하지만 무엇보다 마음을 써야 한다. 육체적으로 고단하지는 않은지, 용돈 외에 더 필요한 것은 없는지 등을 시시때때로 헤아려야 한다.

한번은 모처럼 노는 일요일에 함께 일하는 사람에게서 호출을 받았다. 함께 일하는 사이여도 호출을 무시해도 될 만큼 동등한 관계는 아니었다. 엄마에게 아이들을 부탁하고 집을 나서서 밤늦게야 집에 돌아올 수 있었다. 엄마는 두 아이를 돌보느라 지쳐 화난 기색이 역력했다. 나 역시 지쳐 있었지만 엄마 눈치를 살필 수밖에 없었다. 뭐 했느냐는 물음에 "영화 보고, 저녁 먹고, 서점에도 가고"라고 답하고 보니 궁색했다. 엄마는 "그럴 돈 있으면 나나 주지" 했다.

엄마가 보기에 누군가와 밥을 먹고 영화를 보고 서점에

가는 일은 해도 그만, 안 해도 그만인 노는 일일 뿐이었다. 갑의 위치에 있는 파트너가 원하는 일을 하며 시간을 보내는 건 나도 달갑지 않았다. 내가 원해서 하는 일이 아니라 파트너에게 맞춰주는 일이었다. 그러나 내키지 않아도 관계를 위해 해야만 하는 일이 있다는 사실을 엄마에게 이해시키기 힘들었다.

파트너는 우리가 함께 한 일의 성과를 치하하는 특별 보너스를 주려고 그날 나를 호출한 것이었다. 그러니 거절하기도 어려웠다. 엄마에게도 일요일은 달콤한 휴일이고 내게도 마찬가지였지만 그날은 둘 다 지쳐 있었다. 나는 파트너에게 받은, 액수조차 확인하지 않은 특별 보너스를 봉투째 엄마에게 건넸다. 엄마에게 작은 보상이라도 된다면 하는 마음이었다. 다른 한편으로는 이리 치이고 저리 치이는 내 신세에 서러운 마음이 들었다.

나는 또한 그 외롭고 서운한 마음이 육아의 공동 책임자인 남편이 아니라 엄마를 향한다는 사실이 슬펐다. 그 일요일에 육아를 나와 함께했어야 할 남편은 어디 갔던가. 떠오르지 않는다. 다른 일이 있었을 것이다. 게다가 나도 모르게 육아에 대해서만큼은 남편에게 아무런 기대를 갖고 있지 않았다. 그러니 아무 기억이 남아 있지 않을 테지. 돌아보면 그런 순간마다 남편은 곁에 없었다.

일하는 엄마가 아이를 맡겨야 할 때, 아이를 돌봐줄 기관이나 사람을 알아보고 연락하고 면접하고 찾아가 살펴보는 일은 모두 엄마의 몫이다. 남편이 일을 하고 돈을 번다는 이유로 면제 받는 모든 가정의 일에서 여자는 늘 예외다. 여자가 일을 하는 경우도 마찬가지다. 육아도 살림도, 세상이 여성에게 일차 책임을 묻는 일들은 절박한 순간마다 언제나 친정 엄마를 비롯한 다른 여성들이 돕는다.

교수 같은 괜찮은 직업을 가진 중산층 여성들이 가사노동에 곤란을 토로하면, 여건이 나은 탁아시설을 이용한다는 이유로 혹은 시집살이라는 권력 관계에서 조금 유리하다는 이유로 상황이 더 나쁜 여성들을 거론하며 배부른 소리 한다는 식으로 힐난하는 지식인 남성을 숱하게 보았다. 어떤 경우에도 조금도 그 책임을 나눠 지지 않으면서 세상 중립적인 판관이라는 듯 그런 말을 한다(새삼 분노가 솟구친다!)

일을 하는 딸의 이면도 있다. 딸들이 가족 경제를 책임지는 경우다. 부모가 아프거나 무능하거나 할 때 딸들은 자신에게 주어질 기회를 포기하는 법을 일찌감치 배운다. 남녀의 차별을 두지 않는다는 요즘 같은 시대에도 어릴 때 연예인이 되어 온 가족을 부양하며 살아온 여자들의 이야기며, 오빠나 남동생 뒷바라지하려고 기회를 포기한 여자들을 나는 많이 알고 있다.

가족의 안정적인 수입원이 된 여자들은 착취를 견디다 못해 독립을 시도한다. 그러나 이 과정에서 여자들은 자기 능력이나 재능에 대한 평가절하를 겪는다. 오빠나 남동생에 비해 못하다거나 네 실력으로 그런 건 어림없다거나 하는 식으로 능력 자체를 축소하는 비하, 네가 아니면 우리는 다 어떡하니 같은 읍소, 네가 그렇게 이기적으로 행동하고 잘되나 두고 보자 같은 협박이 동시에 이루어진다. 견디다 못해 결혼이라는 차악을 선택한 여성들은 남편과 그 가족에게서 똑같은 경우를 겪기도 한다.

운이 좋아서 나는 그런 착취를 경험하지는 않았다. 그래도 홀로 된 친정엄마를 경제적으로 부양해야 한다는 책임감을 느꼈다. 이혼하고 난 후 엄마는 취직한 나와 오빠의 수입으로 살림을 꾸렸다. 엄마는 집은 있었지만 급여 같은 정기적인 소득이 없었다. 막내는 사회인이 되었지만 그때까지 자리를 잡지 못해 엄마 부양은커녕 자기 앞가림하기도 벅찼다. 나와 오빠가 결혼하고 난 후로 엄마는 더 이상 그런 경제적 지원을 기대할 수 없게 되었다. 엄마는 자신과 달리 딸이 세상 속에 번듯하게 자리 잡길 바라면서도 자신에 대한 경제적인 지원은 아쉬워했다.

달리 수입이 없는 홀로 된 친정엄마에게 딸만 있다면 그 친정엄마는 누가 부양하게 될까? 높은 확률로 그들은 딸의 아이를 돌보고 있을 것이다. 딸 입장에서 자녀 양육을 친정 엄마에게 맡기는 건 남편이나 시댁 눈치 보지 않고 친정엄마를 부양하기에 가장 좋은 핑계다. 나 역시 그랬다. 엄마가 아이를 돌보는 것을 좋아하지 않는다는 사실을 잘 알면서도 그 방법 외에는 엄마를 경제적으로 지원할 방법이 없었다. 나이 들고 별다른 경력이 없는 엄마가 할 수 있는 일이라고는 식당 허드렛일이나 다른 집 아이를 돌보는 일이 전부였을 것이다. 나는 늙은 엄마가 이런 일을 하는 것이 마음 편치 않았고 '이왕이면' 하는 심정으로 아이를 맡겼다.

이것은 나나 엄마 입장에서 이중의 돌봄이었다. 나는 엄마에게 육아의 도움을 받으면서 한편으로는 경제적 부양과 정서적 돌봄의 책임을 느꼈다. 엄마는 육아라는 힘들고 책임이 큰 일을 하면서도 남편과 시댁 눈치를 봤다.

엄마와 나 사이에는 미안하고 고마운 마음과 각자의 책임감이 동거하면서 설명하기 어려운 서운함과 원망이 쌓였다. 엄마가 돼서 어린아이들을 온전히 돌보지 못한다는 죄책감, 늙은 엄마에게 힘든 육아를 맡기고 있다는 미안함, 거기에 엄마와의 육아관 차이, 나는 내가 엄마를 가까이에서 계속 보살핀다고 생각하고 엄마는 엄마가 나를 돌보고 있다고 여기는 동상이몽까지. 이런 데서 생기는 삐걱거림들을 견디는 일은 쉽지 않았다.

게다가 육아와 집안일에 대한 생각 때문에 하는 일에 집중이 흩어질 때마다 편치 않았다. 대개 그럴 것이다. 아이에게는 아이 곁에 있어주지 못한 무심한 엄마로 여겨질까 봐, 일하는 곳에서는 업무 시간에 한눈을 파는 사람으로 여겨질까 봐 불안해한다. 회사에서 얻는 경제적 보상도 아이 양육비나 가사도우미 비용으로 나가면 남는 것이 없다. 이런 계산과 끝없는 번민 사이를 오가다 대부분의 여성들은 집으로 돌아오는 결정을 내린다.

나 역시 결국 그렇게 됐다. 벤처 붐은 급작스럽게 불타오른 만큼 급속도로 꺼졌다. 대기업을 박차고 나와 기회와 꿈을 찾아 벤처 기업으로 떠났던 사람들의 추락 소식도 이즈음 간간이 들려왔다. 넘쳐나던 투자금은 말라붙었다. 내가 다니던 회사의 대표도 약속 받았던 투자금이 들어올지 불투명해지자 직원 감원에 나설 수밖에 없었다. 회사 사정이 평계가 되어 접었지만 다른 일을 알아보려면 못 알아볼 것도 없었다. 그러나 나는 이미 지쳐 있었다.

뭐 대단한 일을 한다고 아이들을 방치하나, 이 일이 나 없다고 안 되나, 나 없다고 세상이 안 돌아가나, 더 중요한 게 뭔데, 그런 생각들이 끊임없이 나를 괴롭혔다. 결국 아이들을 돌보는 일은 내가 아니면 안 되는 일이지만 회사 일은 나보다 더 잘할 사람들이 많다는 결론에 이르렀다. 물론 안정적인 수입원인 남편이 있어 가계 재정에 내가 책임을 지지 않아도 된다는 행운도 이런 결론에 이르는 데 한몫했다. 나는 집으로, 아이들 곁으로 돌아왔다.

이 과정에서 엄마는 어떤 식으로든 그 결정에 영향을 미친다. 나는 일하는 엄마를 두었던 딸들이 자라서는 엄마 손길을 그리워했던 어린 시절을 돌이키며 절대 일하는 엄마가 되지 않겠다고 다짐하는 것을 자주 보았다. 반대로 세상물정 모르고 시대에 뒤떨어진 답답한 사람으로 자식과 남편에게 존중받지 못한 엄마를 보면서 절대 집에서 남편과 자식에 목을 매는 존재가 되지 않겠다고 결심한 딸들도 많이 보았다. 나 역시 그 사이 어디쯤 있었다.

엄마는 딸들에게 자신처럼 살지 말라고 말하면서도 그렇다고 엄마가 하는 일들이 무가치한 건 아니라고 중얼거렸다. 나는 내가 속한 사회에서 일을 해서 밥벌이를 하고 성장하고 공동체에 기여한다는 느낌, 혈연관계가 아닌 동료, 선·후배 관계에서 받는 인정과 환대로 세상과 신뢰 관계를 만들어가는 경험이 그리웠다.

언젠가는 돌아가야겠다는 생각으로 집에서 할 수 있는 일들을 찾았다. 그러나 그런 일들은 보상도 적고 경력에도 도움이 안 되며 사회적 관계망을 만들기도 힘들었다. 집에서 일하는 여자들은 거의 대부분 그런 일들을 했다. 소모되다가 버려지고, 어느 날 갑자기 일을 그만두더라도 얼마든지 대체될 수 있는 일들. 그러니 직장을 그만두고 집에서 할 수 있는 일들을 구하면서 내가 포기한 것은 단순히 급여만이 아니었다. 나는 미래의 기회, 또 다른 가능성을 열어주었을 직장 내 인간관계와 인맥을 포기한 것이었다. 그럼에도 그런 일들을 놓지 못했다.

엄마들만이
가지는 비밀

이상화된 좋은 엄마의 그림자는 많은 실제 엄마들의 삶에 길고 긴 그림자를 드리운다. 아이가 나쁜 행동을 하거나, 성취가 부진하거나 아니면 그냥 슬픔에 빠질 때, "전문가"들은 자부심이 강한 엄마들의 자신감도 꺾어놓을 수 있다. 아이의 아빠, 조부모, 심지어 엄마의 가장 친한 친구들도 심판자처럼 보일 수 있다. 가장 가슴 아픈 것은 아이들이 엄마가 야기한 불행을 너무나도 명백하게 안다는 것이며, 실제로 아이들은 그래야 한다. 좋은 엄마의 그림자 밑에서 살아가는 엄마들 그러면서도 자신이 그동안 아이들에게 화를 냈음을 잘 알고 아이들을 때리고 방치했던 사건들을 기억하는 엄마들은 자신들의 삶이 가장 친한 친구에게도 말할 수 없는 부끄러운 비밀로 얼룩졌다고 느끼게 된다.

사라 러딕, ''엄마들'에 대해 말하기', 『분노와 애정』, 사라 러딕 외 지음, 모이라 데이비 엮음, 김하현 옮김, 시대의창, 2018, 274-275쪽

나와 동생은 비슷한 시기에 엄마가 되었다. 엄마 아빠가 같고 자란 환경이 같은데도 우리는 타고난 성격도 다르고, 그래서 무척 다른 엄마가 되었다. 우리에겐 엄마라는 공통의 양육자 모델이 있음에도 엄마와도 다른 엄마가 되었다.

모성이 여성에게 내재된 본능이 아니라는 사실은 이제 누구나 아는 공공연한 사실이다. 도널드 위니캇이 이야기한 '충분히 좋은 엄마good enough mother'라는 개념이 널리 받아들여지고 있다. '충분히 좋은 엄마'는 허기, 습기, 추위의 영향을 최소화하지만 아기의 요구에 완벽하게 맞출 필요는 없다. 최선의 양육은 좌절과 실패 없는 삶을 경험하게 하는 것이 아니라 아이에게 최적의 좌절을 경험하게 하는 것이다. 이런 좌절을 통해 아이들은 엄마한테 의존하는 대신 자기 마음에 의지하는 법을 배운다.

그러나 딸들에게 엄마라는 존재가 얼마나 거대한지, 그들은 모른다. 아들도 어느 정도는 마찬가지지만 딸들에게 엄마는 인정받고 싶은 최후의 사람이다. 그리고 엄마들은 여간해서 딸들을 인정하지 않는다. 버지니아 울프는 열세 살 때 죽은 어머니의 존재에 마흔네 살까지 사로잡혀 있었다.

엄마는 엄마의 방식으로 우리를 키웠다. 우리는 우리의 방식으로 아이들을 키운다. 거기엔 아이를 안전하고 건강하게 생존시켜야 한다는 대원칙이 있을 뿐 세부들은 다 다르다. 엄마 세대나 그전 세대의 자녀 양육 철학은 '아이들은 자기 먹을 것을 갖고 태어난다'는 말로 요약된다. 아이를 낳아 최소한의 생존을 도우면 저절로 자라 마당을 기어 다니며 닭똥도 주워 먹고 흙도 집어 먹으며 자란다고, 그렇게 자라 일꾼이 되어 부모 일을 돕고 노후를 책임져준다고 생각했다. 그래서 아이는 많으면 많을수록 좋다고도 생각했다. 피임이나 임신중지가 불가능해 생기는 대로 아이를 낳아야 했던 그들에게는 그 말이 삶의 긍정이라기보다 불가항력이었다.

아이들 양육에 돈이면 돈, 노력이면 노력, 마음까지 쏟아부어야 비로소 부모 노릇을 제대로 했다고 느끼는 요즘 부모 세대에게는 무책임하고 미개하게 들릴 수 있는 이런 말이 그 세대에는 진실이었다. 그 세대에게 양육은 생명과 본능의 관성에 따르는 것이었을 뿐, 아이 몸과 마음을 건강하게 키워야 하는 것은 물론, 미래를 기획하고 관리하는 역할까지 생각하지는 못했다.

엄마는 그 사이 어디쯤에 있었다. 상대적으로 부모에게 받은 것이 적었고 도시를 중심으로 유통되던 양육, 교육 관련 정보에서 소외된 탓에 엄마의 양육관은 전 세대에 가까웠다. 아이는 내버려둬도 타고난 제 밥그릇으로 알아서들 자라고, 다 큰 자식들은 정서, 경제 면에서 부모를 부양하는 게 당연하다고 생각했다.

나는 연년생으로 아들 둘을 낳았다. 무슨 철학을 갖고 있었던 건 아니다. 그저 아이를 낳으려면 최소 둘은 낳아야 한다는 관습 때문에 덜컥 둘을 낳았다. 터울을 많이 두는 것보다 터울이 적은 것이 아이들에게 더 좋다는 어른들 말을 의심 없이 따랐다. 첫 아이가 아들이어서 내심 떳떳했다. 둘째가 딸이 아니라 좀 서운했지만 큰아이와 친구처럼 자라게 되지 않을까 싶어 좋았다.

두 아들의 성향이 완전히 달라서 내 생각과는 달리 두 아이가 서로에게 평생 함께할 좋은 친구가 되어주지는 못할 것 같다. 그래도 인생길이 많이 겹칠 테니 내가 죽은 후에라도 아이 둘이 서로 의지하며 살아가겠지, 힘들고 어려운 일이 생기면 도와주기도 하면서 서로의 울타리가 되어주겠지, 좀 안심이 되기도 했다.

아이를 더 낳지 않기로 한 후로도 꽤 오랫동안 시어머니로부터 아이를 더 낳으라는 압력을 받았다. 네 남매를 낳아

기르신 시어머니는 자신이 아이를 많이 낳은 덕분에 노후가 편안하다는 말을 자주 하셨다. "딸을 낳으면 얼마나 예쁠까?"라는 말 뒤에 꼭 "아들이면 더 좋고"가 따라 붙었다. 그러고 나서는 막내인 남편이 당시로서는 노산이었던 서른여덟에 들어섰을 때 낳기를 망설였지만, 돌아가신 시아버님이 "아이들은 다 자기 먹을 쌀가마니를 지고 태어나니 걱정 말라"고 하셨다고, 그 말을 들어 자신이 막내아들 덕을 톡톡히 보고 있다고, 이 아들을 안 낳았으면 어쩔 뻔했느냐고, 자식 많은 건 하나도 문제가 되지 않는다고 간절하게 말씀하시곤 했다.

우리는 결혼도 아이도 선택 사항은 아니라고 생각한 세대였지만, 적어도 아이들의 영靈과 육肉에 대한 모든 책임이 가족에게 있는 이상 우리가 책임질 수 있는 데까지만 아이를 낳아야 한다고는 생각했다. 시어머니보다는 나이가 적지만 역시 네 남매를 낳아 키운 엄마는 아이를 아예 안 낳는 것에는 명확히 반대하면서도 둘 이상 갖는 일에는 신중했다. 요즘 세대의 부모 됨에 대해 듣고 배운 나와 시어머니나 엄마의 가치관 사이에는 갈등이 생길 수밖에 없었다.

나는 엄마가 내게 기대하는 것이 지나치게 많고 크다고 생각했다. 그 밑바닥에는 엄마가 여태 내게 준 것을 엄마가 내게 기대하는 것과 비교해보는 마음이 있었다. 엄마가 되고 나서는 엄마를 이해하기보다 엄마에게서 받은 게 없다는 마음이 더 커졌다. 아이들에게 애면글면할수록 엄마는 나한 테 이렇게까지는 하지 않았던 거 같은데 싶은 마음만 들었다. 이 불균형은 내가 엄마에게 받고 싶었던 것과 엄마가 나에게 준 것이 다르다는 데서 비롯한다. 어느 날 나는 그것이 반복되고 있다는 걸 깨달았다. 아이들이 내게 바라는 것이 내가 주려고 하는 것과 다를지도 모른다는 생각에 머리끝이 쭈뼛했다.

엄마 입장에서도 마찬가지였다. 엄마는 자신이 주고 싶은 것을 주고, 받고 싶은 것을 원했다. 그게 내 소망과 일치할 확률은 적었다. 그리고 그것은 당시 관습에 좌우됐다. 그래서 엄마와 딸의 관계는 영원히 자리를 바꿔 반복된다. 엄마는 엄마의 엄마에게 못 받은 것을 딸인 내게 주었고, 나는 엄마에게서 못 받았으나 받고 싶었던 것을 다시 아이들에게 주었다. 사랑이라는 관념은 같았지만 그 사랑의 물리적 표현은 늘 달랐던 셈이다. 그러니 엄마에게 아이를 맡길 때 이 차이에서 생기는 갈등은 예견된 것이었다.

벤처 기업을 그만두고 집에서 돈도 안 되고 경력에도 도움이 안 되는 일들을 하고 있다가 도저히 안 되겠다 싶어 출판사를 해보면 어떨까 하는 생각이 들었다. 책과 관련된 일들은 오랫동안 해왔고, 서평 잡지를 만드는 회사에 다니면서 원고에 대한 감각도 익혔고 그동안 맺은 인맥도 있으니 못할 것도 없겠다 싶었다. 무엇보다 출판사는 초기 자본이 적게 든다는 데 혹했다. 엄마는 적극 지원했다. 딸이 사업할 깜냥은 안 되지만 책과 관련한 일이라면 좀 다르지 않겠냐는 생각이었다. 남편은 몇 천만 원 한도 내에서 지원을 해줄 테니 한번 해보라고 격려했다.

아이 엄마가 자기 사업을 하겠다는 할 때는 아이도 돌보고 집안 살림도 하고 친정엄마도 돌보면서 자아실현을 해보겠다는, 말도 안 되는 생각이 깔려 있는 경우가 많다. 지금 생각해보면 어리석었지만 나 역시 그랬다. 일을 하면서도 엄마도 챙기고 애들도 돌보고 집안일도 해치웠다. 엄마는 다른 일을 내버려두고 네 볼 일이나 보라고 말은 했지만 모처럼 누리게 된 자유가 싫지 않은 듯했다. 나는 그런 엄마와 남편과 아이들의 눈치를 보아가며 일을 붙들고 있었다.

엄마는 아이들은 저절로 큰다는 입장이라 우리 세대가 아이들에게 기울이는 관심과 관여가 지나치다고 생각했다. 내가 아이들을 데리고 놀이 교실이나 미술관 등에 다닐 때마다 엄마는 "유난이다. 다 저 타고난 대로 크는 거야. 그럴 시간과 정성과 돈을 나한테 좀 들여봐라" 하기 일쑤였다.

무엇보다 엄마가 아이들을 돌보는 방식을 모른 체하기가 어려웠다. 엄마는 아이들이 집에 돌아오는 시간을 뻔히 알면서도 그 시간에 자주 자리를 비웠다. 백화점 쇼핑도 하러 가고 친구들도 만나러 다녔다. 아이들이 학교에서 돌아오기 전에 오면 된다고 생각했겠지만 번번이 늦었다. 아이들은 문이 잠긴 집 앞에서 서성이다 가방을 메고 놀이터를 떠돈 날이 많았다. 큰아이가 초등학교에 막 입학했을 때 뭐든 느린 아이가 혹시라도 학교에 흥미를 잃을까 봐 아침에 학교에 데려 가고 오후에 데리고 오는 일을 1년 내내 한 내게는 용납할 수 없는 일이었다.

큰아이는 워낙 말이 없는 아이라 학교에서 있었던 일이나 자기 기분이 어떤지를 나에게 잘 이야기하지 않았다. 엄마가 아이들 곁을 자주 비웠다는 사실은 아주 나중에야 알았다. 어느 날 아이가 혼잣말하듯 말했다. "할머니가 맨날 집에 없었어. 그래서 집 앞에 똥을 쌌어."

처음 들었을 때는 아이가 무슨 말을 하는 건지 전혀 맥락을 알 수 없었다. 재차 물으니 큰아이는 학교 끝나고 오면 할머니가 집에 없어서 늘 놀이터에 친구들을 찾으러 다녔고, 어느 날은 화장실에 너무 가고 싶었는데 그날도 집 문이 잠겨 있어서 우리 집 문 앞에 똥을 누었다는 것이었다.

엄마는 이 이야기를 나에게 하지 않았다. 엄마는 아무도 모르게 이 일을 처리했다고 생각하겠지만 이 사건은 내 마음에 얼룩을 남겼다. 방치를 의심케 하는 아이들의 흔적만큼 나를 슬프게 한 것은 없었다. 살짝 짧아진 옷들, 학교 실내화에 찌든 일주일치 이상의 때, 때가 낀 손톱이나 덥수룩한 머리카락, 놀이터를 떠도는 아이들.

전력을 다해도 모자랄 판에 사업이 제대로 될 리 없었다. 1년에 한두 권 펴내는 속도로는 끝도 없이 돈이 들어갈 뿐, 버는 돈은 푼돈이었다. 정해둔 투자액의 한도를 넘어서자 남편은 가정 경제를 우려했고 내 결단을 촉구했다. 책 세 권을 펴냈고 그 가운데 두 권이 당시로서는 영향력 있었던 신문에 서평이 크게 다뤄졌지만 그런 정도로는 어림없었다. 재정 압박이 심해지고 아이들의 방치를 견딜 수 없게 되고서 나는 결국 다시 아이들 곁으로 돌아왔다. 그 후 나는 빚을 갚기 위해 출판사에 입사했고 빚을 갚은 후에는 아이들을 데리고 미국으로 건너가 공부를 하면서 1년 반 동안 아이들과 시간을 보냈다.

아이들을 전업으로 돌보게 된 내가 엄마보다 아이들에게 더 나은 보호자였는지 확신할 수 없다. 제아무리 훌륭한 엄마였다 하더라도 스스로는 좋은 엄마임을 확신하지 못한다. 이상화된 엄마의 그림자 때문만이 아니다. 모든 딸에게는 그 엄마로 인한 그림자가 함께 드리워진다. 엄마는 딸에게 엄마의 결핍을 물려주지 않으려다 다른 상처를 만들었고, 나는 엄마에게 받은 상처를 아이에게 주지 않으려 애쓰다가 아이들을 아프게 했다. 그 그림자들 밑에서 엄마들은 누구에게도 털어놓을 수 없는 비밀을 갖는다.

저 불은
누가 켠 걸까

어느 누구도 타인의 인생을 대신 살 수 없지만 유독 어머니만
은 그럴 수 있다고 생각한다. 어머니는 남편을 출세'시키고'
자녀를 좋은 대학에 '보내야' 한다. 어머니는 아버지에게 맞
으면서도 그를 변화시켜야 하고(피해자가 해결사가 되어야 한
다), 어머니는 생명을 위협하는 폭력 앞에서도 자녀들에게는
모성애를 발휘해야 한다. 아이를 남기고 폭력 가정을 탈출하
는 여성에게 쏟아지는 비난은, 순결이 그러하듯이 모성애 역
시 여성의 목숨과 맞바꿔야 한다는 남성 사회의 메시지다. 홀
륭한 어머니가 되려는 여성은 자신을 파괴하는 유전자를 지
니고 있어야 한다. 어머니는 남을 위한 존재이기 때문이다.

정희진, 『페미니즘의 도전』, 교양인, 2005, 61-62쪽

이제는 여자로 태어났다는 이유로 이를테면 현모양처 같은 모범이 되는 어떤 삶이 명시적으로 제시되지는 않는다. 딸들은 어릴 때부터 여자라서 할 수 없는 일은 없다고 배우고, 자라는 동안 기회는 전보다는 공평하게 주어진다(그렇게 보인다). 사회 전 분야에서도 금녀 구역은 대체로 사라졌고 그 모든 분야에서 여성들은 훌륭한 성취를 이루고 있다. 진입 자체가 금기였던 영역에서 여성들이 일군 성취는 듣는 것만으로도 짜릿하다. 그리고 진실을 말하면, 아주 오랜 옛날부터 모든 영역에는 여자들이 있었다.

그럼에도 여성들의 마음속에는 꺼지지 않는 가정의 불빛이 있다. 평화롭고 따뜻한 집에서 새어나오는 주황색 불빛, 언제나 돌아가면 편안하게 우리를 맞아주는 곳을 지킬 최종 책임.

내가 마음속으로 존경하고 사랑한 기자가 있다. 두 아이의 엄마이기도 했는데 미국 어느 재단에서 장학금을 받아 유학을 떠났다. 아이 엄마로는 최초라고 했다. 그이가 개인 블로그로 전하는 소식들을 자주 들여다봤다. 아이 둘을 돌보며 타국에서 고군분투하는 그이를 열심히 응원했다. 그러던 중 어느 여름인가 그가 방학을 맞아 휴가 삼아 지인 집을 방문하고서 쓴 글을 읽었다. 크게 공감하는 한편으로는 우리 마음에 도대체 무엇이 있길래 하는 생각을 했다.

기자는 자기 지인이 그림 같은 집에서 남편은 회사 다니고 아내는 집안일을 깔끔히 하면서 삶을 완벽하게 통제하는 듯 보였다고 했다. 그리고 자기 자신은 임시 거처 같은 곳에서 뜨내기처럼 살며 모든 게 임시이고 대충으로 보였다는 말도 덧붙였다. 그이는 여행을 떠나기 불과 두어 달 전까지만 해도 열심히 페이퍼를 쓰고 있었다는 사실이 믿어지지 않는다고, 그때로 다시 돌아가고 싶지도 않다고 했다.

자신의 유학이 남들 보기 그럴듯해서 자기 교만함이 충족되는 그런 허영의 한 품목이 아니었을까, 자신은 아무것도 안 하고 있기에는 재능과 아이디어가 있는 것처럼 보이지만 그걸 밑천 삼아 뭔가 대단한 걸 하기에는 턱없이 부족한 사람이 아닐까, 뭔가 할 수 있을 것 같지만 막상 뭘 해내지도 못하는, 허영심과 교만함만 있는 그런 얼치기가 아닐까 싶다고도 했다. 그이는 결국 자기 허영심 때문에 가족 모두가 안정되고 편안한 가정을 누리지 못하는 게 아닐까 걱정했다.

글을 읽고 나는 상념에 잠겼다. 아이들이 어려서 본격적인 출퇴근을 하기 어려운 시기마다 나는 어린아이 둘과 집에 있으면서 일을 맡아 했다. 그저 감을 잃지 않겠다, 나중에라도 돌아갈 수 있게 사회와 연결된 끈을 놓지 않겠다는 마음뿐이었다. 무엇보다 나는 나 스스로를 벌어 먹이길 바랐다. 경제적 자립은 내게 무엇보다 중요했다. 하지만 일을 하는 데는 노력과 시간이 든다. 시간 차를 두고 하나씩 닥치는 원고 마감을 처리하다 보면 집안은 늘 엉망진창이었고 아이들은 꼬질꼬질했다.

아이가 아플 때는 아픈 아이를 안고 컴퓨터 앞에 앉아 밤새 울다가 졸다가 일을 했다. 혼자서 하는 일이니 비교도, 평가도, 피드백도 불가능했다. 그 상황에서는 최선이었지만 결과물에 만족하기 어려웠다. 실패할 기회도 없었다. 자신감이 사라졌다. 도저히 안 되겠다 싶었다. 하루에 몇 시간만이라도 아이들을 어린이집에 보내야겠다고 마음먹고 동네 어린이집을 돌아봤다. 오후 무렵의 어린이집은 처량하기 이를 데 없었다. 선생님은 지쳐 있고 어린이용 비디오 앞에 모여 앉은 아이들의 뒤통수는 외로워 보였다. 아이들을 어린이집에 보내야겠다는 생각을 접었다.

나는 큰아이가 여섯 살, 작은아이가 다섯 살이 되어 둘 다 정식 유치원을 다닐 때까지 아이들을 돌보며 할 수 있는 일을 했다. 일에서 충만감이나 보람을 얻기 힘들었다. 물론 돈도 못 벌었다. 이런 식으로 아이들을 돌볼 거면 차라리 어린이집에 보내는 게 나을까, 아니 내가 하는 일이 뭐 그리 대단하다고, 그런 생각도 거듭했다. 나 역시 뭔가 할 수 있을 것 같지만 성취를 이룰 만큼은 능력이 없는 사람이 아닐까, 다른 데 기웃거릴 시간에 엄마 노릇이나 제대로 하는 게 낫지 않을까, 그런 회의를 거듭했다.

그럴 때, 아이를 친정에 맡기고 단시간에 온갖 어려운 시험을 준비해 미국 재단의 후원을 받아 유학까지 간, 나는 발끝에도 못 따라갈 것 같은 대단한 선배가 똑같은 넋두리를 풀어놓는 걸 보고 이게 그냥 아이 딸린 기혼 여성들의 보편적인 마음이 아닐까 했다. 나처럼 평범한 사람들은 일을 하는 과정에서 점점 나아진다. 어쨌든 지속하는 시간이 필요하다는 말이다. 하지만 가정과 일을 양립하려다 보니 일에서 집중과 지속이 어려웠다.

나를 비롯한 여성들은 편안한 가정을 만들어 지킬 책임을 느낀다. 제아무리 자기 일에 뛰어난 사람도 안정된 가정을 만들지 못했다는 이유로 어딘지 모르게 주눅 들어 있다. 내 일이, 내 공부가 남들 보기에 그럴듯해 보이는 허영 품목이 아닐까, 내가 정말 중요한 걸 놓치고 있는 건 아닐까, 능력과 의지마저도 폄하하는 경우를 많이 봤다. 이 말의 뒷면에는 여자에게는 무엇보다 가정이 중요하다는 말이 숨어 있다.

나는 세상이 인정할 만한 성취를 이룬 여성들이 아이들과 가정에 충실하지 못했던 과거를 반성하며 중요하고 소중한 걸 놓쳤다고 이야기할 때마다 어쩐지 배신당한 기분과 안도하는 마음이 함께 들었다. 돌봐야 할 가족과 가정은 여성들의 삶에 큰 부분을 차지한다. 어떤 이유에서든 이 부분에 희생을 감수해야 할 때, 여성들은 갈등한다.

엄마는 일을 한다고 집안일에 소홀한 여자들을 흉봤다. 살림 솜씨가 서툰 여자들을 한심해했다. 엄마는 자기 딸들이 일을 하더라도 집안일을 돌볼 수 있을 정도로만 바쁘고 그 이상 노력을 들여야 하는 일은 안 했으면 했다. 무엇보다 남편보다 적게 이루길 바랐다. 엄마가 생각하는 복 받은 여자의 삶은 돈 잘 벌고 잘나가는 남편이 만들어준 편안한 집에서 아이들을 깔끔하게 키우며 살림을 윤나게 하면서 사교 생활을 하는 것이었다.

무엇보다 여자의 일을 다해야만 했다. 엄마 스스로 일곱 남매의 다섯 딸 중 하나로 차별을 받으며 자랐으니 절대 아들 딸 차별하지 않겠다고 다짐했고 대체로 그렇게 살았지만 동생이 딸 둘을 낳고 말았을 때는 좀 아쉬워했다. 그러다 동생이 큰아이를 낳은 지 12년 만에 셋째로 아들을 낳자 반색했다. 시댁에 떳떳하다는 거였다. 나는 엄마의 그런 태도가 구태의연하다고 생각했다. 그러나 내가 그 영향력 안에서 완전히 자유로웠다고 말할 자신은 없다.

나는 엄마의 이런 생각에 알게 모르게 영향을 받았다. 행복한 가정이란 도대체 무엇이고 그것을 만들 책임은 누구에게 있는 걸까? 여자들에게 성취란 무엇일까? 내가 대학에 막 입학한 90년대 초반은 '페미니즘'이 학계를 넘어 우리 일상으로 번질 때였다. 페미니즘 그룹들이 만들어졌고 그들 주도로 페미니즘 계간지가 창간되었다. 대학마다 '여성학'은 인기 있는 교양 과목이었다. 『며느리에게 주는 요리책』이 베스트셀러가 되자, 『사위에게 주는 요리책』이 나왔다. 이 흐름이 통쾌하면서도 한편으로는 찜찜했다.

이즈음 일을 하는 여성들이 추석 연휴, 설날 연휴를 친족들 모임에 가기보다 개인적인 휴가로 쓰는 이야기들이 많이 나왔다. 그러나 불합리한 관행에 변화가 생기기를 바란 이들의 애초 의도와는 달리 이들이 함께 해야 할 친족 봉사의 짐을 평소 놀고먹는다고 취급되는 전업주부 어머니, 형님, 동서들만 나눠지게 되는 게 어쩐지 불편했다. 나 역시 '여자들이 해야 할 일'이라고 정해진 걸 거역하는 데까지는 나아가지 못한 셈이다.

이성과 본능이 다르게 반응하는 이유는 뭘까. 나는 여자들의 가족 선망은 그것이 과거에 여성이 공동체의 일원으로 떳떳하게 받아들여지는 가장 안전한 길이었기 때문이 아닐까 생각했다. 정상가정에 편입되지 않은 여성에 대한 사회의 위협과 경고 그리고 어머니가 된 여성에 대한 신화화는 이런 사회의 기대를 강화하는 역할을 한다. 나는 엄마가 고통을 감수하고 정상가족을 유지했더라면 훨씬 더 편협한 사람이 되었으리라 확신한다.

엄마는 자신의 경험 때문에 그나마 어떤 경우에는 부부가 이혼할 수도 있고(이모들 가운데는 엄마가 똑똑해서 이혼했다며 이혼도 못 하는 자신의 처지를 한탄한 분들도 있었다), 그게 꼭 그 사람 잘못이 아닐 수도 있다는 사실, 인생에 실패했다고 생각하면서도 살아가는 데 큰 문제가 없다는 걸 간신히 인정하며 산다고 생각한다. 그렇지 않았다면, 자신이 견뎌낸 일까지 더해져 엄마는 이혼한 여자들("나도 견뎠다고! 이 참을성 없는 여자들 같으니")과 한 부모 가정에서 자란 아이들에 대한 편견에 누구보다 충실했을 것이다.

하지만 부부와 자녀로 이루어진 '정상가족'이 말처럼 정상이고 유일하고 필연적이고 자연스러운 것일까? 만약 엄마의 삶이 오로지 그 가족 안에서만 의미 있다면, 한 인간으로 엄마의 삶이란 도대체 무엇일까? 여성들이 만들고 지키고 싶어 하는 편안하고 화목한 가정의 따뜻한 불빛은 과연 우리들 스스로 켠 것일까?

자기 욕망에
솔직한 엄마들

그동안 여성해방 운동은 분노하고 저항하는 딸들의 목소리로
말을 했다. 엄마들이 여성 해방 운동에 참여할 때조차 말하는
주체는 엄마들 마음속의 학대 당한 딸일 때가 많다. 우리 각
각은 딸로서 엄마들의 현실을 바라보는 데 익숙하다. 하지만
우리 대부분은 페미니스트가 되는 과정에서 자기희생적이고
이타적이며 바다와 같이 관대하고 순교자처럼 조건 없는 사
랑을 베푸는 엄마(본인이 자기 엄마를 이렇게 바라보았기 때문
이다)를 거부해왔다. 우리의 일부가 되어 우리를 억압하는 데
공모하는, 우리 안의 그 엄마를 거부해왔다.

이네스트라 킹, '여성과 사회' 콜럼비아 세미나, 1983, 『분노와 애정』
(사라 러딕, "'엄마들'에 대해 말하기')에서 재인용

여성들은 사회화 과정에서 자기 의견이나 요구를 정확하게 말하지 않는 게 좋다는 걸 알게 된다. 자신의 생각을 정확하게 말할수록 건방지다거나 잘난 체한다거나 싸가지 없다는 말을 듣는다. 엄마가 되면 여기에 하나가 더해진다. 희생적이고 이타적인 엄마. 이런 엄마가 되기 위해 엄마는 자식들 앞에서 자신의 욕망을 솔직하게 말할 수 없다.

엄마는 내게 자주 섭섭함을 토로했다. 내가 자신이 원하는 바를 눈치껏 알아주지 못하는 딸이라서였다.

"장가계가 어디냐? 이모가 다녀왔는데 거기가 그렇게 좋다던데…."

이 말에 장가계가 어디며 어떻게 아름다운지를 알려주는 것은 정답이 아니다. 엄마가 하고 싶은 말은 이모처럼 엄마도 거기에 가보고 싶다는 거다. 그리고 그 여행은 '딸이 해준 것'이라야 했다. 엄마라는 사람이 자신의 욕망을 드러내고 구현하는 건 꼴불견이라는 것이 일반적인 시선이었다. 자식들이 먼저 엄마 마음을 헤아려주어야 아름다운 광경이 만들어진다. 엄마가 구현하고 싶은 것은 그것이었다.

동생은 결혼 후 남편 근무지를 따라 해외로 떠나면서 엄마 품을 완전히 벗어나 강제로 자립했다. 엄마와의 물리적인 거리만큼 자유를 누리고 갈등을 줄였다. 반면에 해외에 사는 자식으로서 해야 할 일들에 시달렸다. 몇 해 전 여름에 내가 일 때문에 미국에 가는 김에 동생네 들를 거라고 했더니 엄마는 청소기를 사 오라고 했다. 미국에서 사면 좀 더 싸긴 해도 한국에서도 구할 수 있는 제품이었다. 미국에서 사 오면 전압 차이 때문에 '돼지코'를 사용해야 했다. 운반하는 것도 번거로웠다.

아니나 다를까, 공항에서 짐을 가져올 때 문제가 생겼다. 보조 배터리가 달린 무선 청소기라 수하물로 부치지 못하고 기내에 실어야 해서 이미 싼 짐을 공항에서 풀어헤쳐 짐을 이리저리 옮기고 나눠야 했다. 비행기를 갈아타야 해서 더 골치 아팠다. 공항에서 버스나 지하철로 집까지 가져가는 데도 품이 많이 들었다. 찜통더위에 커다란 여행 가방에도 들어가지 않는 청소기를 따로 들고 가면서, 한국에서도 구할 수 있는 자잘하고 사소한 물건들을 왜 번거로움을 무릅쓰고 이렇게 비행기에 실어 와야 하는지 생각하지 않을 수 없었다.

그때는 청소기였고, 어떤 때는 샐러드드레싱에 넣을 오렌지 가루였고, 어떤 때는 꿀이었고, 어떤 때는 친척 아기들에게 돌 선물로 줄 옷, 어떤 때는 한 번 사면 평생 쓴다는 코스트코 랩이었다.

갖고 싶은 게 있다면 엄마가 돈을 주고 사면 그만이었다. 여건이 안 된다면 솔직하게 자식들에게 자신이 원하는 바를 해달라고 하면 됐다. 그런데도 엄마는 왜 그렇게 복잡하게 자신의 욕구를 표현해야만 했을까? 이상적인 어머니상을 구현해야 한다는 세상의 기대 때문이었을까?

'어머니'라면 자식들을 번거롭게 하거나 경제적 부담을 지게 하는 일은 피해야 하지만, 엄마는 자신의 욕망도 포기할 수 없었다. 엄마는 자신이 원하는 바를 에둘러 이야기해야만 했다. 그런데 왜 꼭 자식을 통해서일까? 어머니는 자식들을 자기 의지대로 움직임으로써 권력을 확인하고 싶은 내밀한 욕망을 품고 있다. 권력이 있다는 건 자기 즐거움과 목표를 추구할 수 있는 개인적 힘과 집단적 자원을 갖는다는 말이다. 청소기나 해외여행을 통해서도 엄마는 우리에게 그런 권력을 휘둘렀다.

그런데 세상에 엄마만큼 이상화되고 대상화된 존재가 있을까? "모든 곳에 신이 있을 수 없어서 신은 어머니를 창조했다"는 말이나 "여자는 약하지만 어머니는 강하다" 같은 말을 들으면 반발심이 든다. 절대적이고 무조건적이며 희생적인 사랑으로 높여지는 엄마의 사랑 역시 사실이 아니라고 생각한다. 엄마가 되어보니 잘 알겠다. 엄마가 되었으나 강해지지 않았고 신처럼 되지도 않았다. 여전히 약하고, 버거운 일 앞에서는 도망치고 싶다.

엄마가 자식에게 베푼다는 절대적이고 무조건적인 사랑? 엄마도 사람인데, 내 마음에 안 드는 행동을 하는 자식이 다 예뻐 보일까? 물론 엄마가 되고 나면 과거의 나와 완전히 달라지는 부분이 생긴다. 따지자면 그것은 우리 삶에 항구적인 영향을 미치는 인생의 여느 특별한 경험과 다르지 않다. 그럼에도 엄마라는 경험은 그렇게 받아들여지지 않는다. '엄마'라는 완전히 종이 다른 인간이라도 있는 것 같다.

이 오랜 미신의 결과로 우리는 딸들이 자라 엄마가 된다는 당연한 사실을 잊고 모두 '엄마'라는 존재가 어디선가 솟아난 듯 상상한다. 내가 만난 많은 친구와 선후배가 자기 엄마 이야기를 하면서 "무슨 엄마가 그래?"라고 이야기하곤 했다. 한 선배의 엄마는 젊은 시절 미모가 출중해 어디서나 이목을 끌었다. 선배를 비롯해 자녀들이 모두 자라 출가한 후에는 자기 삶을 사느라 바빴다. 선배는 엄마에게 전화를 할 때마다 전화를 받자마자 엄마가 "왜?" 하고 용건부터 물어 매번 상처를 입었다. 다른 한 선배는 노환으로 몸이 불편해진 엄마를 요양원에 모시려는데 대출을 얻는 등 경제적으로 무리까지 해서 최선을 다한 요양원을 두고 전망이 안 좋다고 뚱한 표정으로 타박하는 엄마에게 서운함을 느꼈다.

나와 엄마의 갈등 밑바닥에도 '무슨 엄마가 그래?'라는 마음이 자리 잡고 있었다. 엄마 자신의 욕망이 딸인 내 필요에 앞서는 결정을 내릴 때마다 무슨 엄마가 저렇게 이기적인가 생각했다. 뭔가를 잘못해서 모두에게 비난받을 때 엄마만큼은 내 편이 되어주지 않을까 싶어 위로를 구했는데, 객관적 조언이라며 남보다 더한 비난을 할 때는 자식의 잘못을 모두 감싸 안고 무조건 편이 되어준다는 엄마가 맞나 싶었다.

아직 내가 엄마의 충실한 딸이었을 때 전효성 작가가 쓴 소설 『마요네즈』를 읽고 충격을 받았다. 머릿결에 좋으라고 음식 재료를 머리에 바르는 엄마, '마요네즈'라는 이국적인 이름과 비릿하고 시큼한 냄새의 부조화처럼 『마요네즈』 속 엄마는 우리가 상상하는 엄마와 달랐다. 하지만 내 느낌은 낯설다기보다 영원히 모르길 바랐던 진실을 마주한 사람이 느끼는 불쾌한 당혹감 같은 거였다.

생각해보면 이상한 일이었다. 엄마가 된다고 원래 딸들이 갖고 있던 성격과 욕망이 하루아침에 바뀔까? 모든 엄마는 물리적으로 실재하는 개별 여성과 분리될 수 없으니 각각의 여성들이 가진 개성 혹은 성격과도 분리될 수 없다. 그래서 명백한 학대가 아니라면 자녀에 대한 엄마들의 사랑은 형태가 다 다르고 어떤 식으로든 측량될 수 없지 않을까?

『마요네즈』이후 나는 희생과 인내로 점철된 엄마들의 삶을 그윽한 감상을 담아 재현하는 극과 소설에 점차 반감이 생겼다. 반대로 여성 작가들이 재현한 욕망에 가득 찬 엄마들 이야기에 관심이 커졌다. 그런 소설들 속에서 진짜 엄마들을 만날 수 있었다.

천운영의 『엄마도 아시다시피』라는 작품집에는 숱한 엄마들이 등장한다. 엄마가 돌아가신 후 스스로 엄마의 육신이 되고자 하는 「엄마도 아시다시피」라는 작품 속 중년 남자를 빼고, 다른 작품 속 딸들의 엄마는 우리가 생각하는 엄마와는 완전히 다르다. 그 엄마들은 "네가 좋아해서"라고 말은 하면서도 자기가 생선을 고르고 다듬고 구운 노력과 정성을 과시한다. 딸 집에 얹혀살면서도 자기 꽃무늬 그릇을 포기할 수 없다고 고집 피운다.

엄마가 된 후에 읽은 그 소설 속 엄마들은 낯설지 않았고 어쩌면 나도 그런 엄마가 될지 모른다고 생각했다. 엄마도 인간이다. 그들도 "여느 사람들처럼 되묻고, 생각하고, 평가하고, 바라고, 욕구가 있고, 꿈꾸고, 기억하고, 슬퍼하고, 환상을 가지고, 가치를 인정하고, 결정할 수 있는" 사람이다. 그들은 실수할 수 있고, 자신의 욕구가 자식의 이익에 앞설 수 있다.

하지만 어머니가 되면 전혀 다른 존재가 되어야 한다. 이 사실을 딸이면서 엄마인 나는 받아들일 수 있을까? 에이드리언 리치는 이렇게 말한다.

나는 '무조건적'인 사랑을 베푸는 전형적인 어머니상에 시달리고, 시각적·문학적으로 표현되는 어머니 이미지에 오로지 하나의 정체성밖에 없음에 시달린다. 그 이미지에 부합하지 않는 측면이 내 안에 있다면 비정상적이고 끔찍한 것일까? 이제는 스물한 살이 된 첫째 아들이 앞의 문단을 읽고 이렇게 말했다. "엄마는 늘 우리를 사랑해야 한다고 느끼셨던 것 같아요. 하지만 한시도 빠짐없이 누군가를 사랑할 수 있는 관계란 없어요." 맞다. 나는 아들에게 설명하려 애썼다. 하지만 여성은, 무엇보다도 엄마는, 그렇게 사랑해야 한다고 여겨져왔단다.

에이드리언 리치, 『더 이상 어머니는 없다』, 김인성 옮김, 평민사, 2018, 138쪽

세상이 엄마들은 그렇게 사랑해야 한다고 여기면서 엄마들은 이중의 태도를 갖게 되었다. 딸이 엄마가 되었을 때, 자신 안에 있는 어떤 것들이 세상이 원하는 엄마의 특성에 부합하지 않는다고 느끼면서 갖는 죄책감이 하나고, 다른 하

나는 세상이 원하는 엄마를 연기하면서 딸 혹은 아들을 통제하고 장악하려는 권력욕이다. 나는 엄마가 죄책감을 가졌는지는 알 수 없지만 권력욕만은 명백했음을 잘 알고 있다.

엄마는 자신이 원해서 하는 행동에도 '자식들을 위한다'는 명분을 붙이곤 했다. 엄마는 자신의 비극을 서러워하면서도 '불쌍한 내 자식들!'을 앞세웠다. 엄마가 갖고 싶은 것을 사면서도 '자식을 위해서'를 외쳤다(그래서 앞에서도 말했듯이 우리 집에는 내가 필요하다고도 안 했고 필요하지도 않지만 엄마가 사고 싶었던 물건들이 가득했다). 그러고는 자신의 노력과 희생과 정성을 알아주고 보답해주길 바랐다. 엄마에 대한 순종, 동정 혹은 맹목적 충성으로.

나는 이걸 종종 '김치 권력'이라고 부른다. 딸이 특별히 원하지 않지만 엄마가 딸보다 더 낫거나 더 잘한다고 생각하는 영역의 일들을 해주고는 그 일을 빌미로 계속 딸을 간섭하고 통제하는 경우를 가리킬 때 내가 쓰는 말이다. 내가 엄마와 거리를 두자 엄마는 온갖 김치를 담가 날랐다. 그리고 그 김치들을 언제 냉장고에 넣어야 하는지, 어떻게 보관하는 게 좋은지 시시콜콜 귀찮을 정도로 지시했다. 그 과정에서 내가 여전히 엄마의 보살핌 아래 놓여 있다는 사실을 계속 확인하려 들었다.

나는 엄마가 '엄마' 연기를 할 때마다 엄마가 자신의 욕망에 좀 더 솔직하다면 어떨까 생각했다. 엄마는 일흔을 훌쩍 넘긴 지금도 예쁘고 비싼 옷과 화려한 보석을 탐낸다. 딸인 나로서도, 그런 것에 상대적으로 관심이 덜한 나로서도 분명 받아들이기 힘들다. 그러나 '엄마 됨'은 순수하고 천성적인 욕구이자 생물학적 본능이 아니다. 그러니 우리가 기대하는 '그런 엄마'는 세상에 없다.

하지만 엄마들은 '그런 엄마'를 연기함으로써만 인정받는다. 『엄마됨을 후회함』의 저자 오나 도나스가 말한 것처럼 사회는 엄마들의 의무를 가치 있게 만들어 그들이 도덕적 인간으로 인정받으려면 일정한 방식으로 아이들을 사랑해야 한다고 요구한다. 엄마들은 아이들에게 무조건적이고 무한한 사랑을 느껴야 하고 그것을 분명히 드러내 보여야만 '선량하고 도덕적인 엄마'로 인정받는다. 그런 모성애를 드러내지 않으면 그들은 부도덕하고 여성성이 부족하며 성격에 문제가 있다고 비난 받는다.

엄마가 된 후 나는 엄마와는 좀 다르게 '엄마 됨'에 반응하고 있음을 깨달았다. 그건 죄책감이었다. 나는 일찌감치 내가 세상이 기대하는 엄마가 될 수 없을 거라는 사실을 잘 알았다. 내 아이들이 자기 엄마가 '그런 엄마'가 아니라는 사실을 깨닫고 나를 원망하고 미워하게 될까 두려워했다. 그러면서 엄마가 그런 엄마를 연기할 수밖에 없었음에 마음 깊이 공감했다. 그럼에도 자기 욕구를 숨기고 자식들을 휘두르는 엄마처럼 되고 싶지는 않았다.

　나는 아이와 엄마 모두에게 죄책감을 느끼면서 세상과 사람들에게 안전하게 받아들여지기 위해 '엄마'를 연기했다. 여성 안에 생래적으로 내재된 것, 자연스러운 것, 위대한 것으로 일컫는 실재하지 않는 모성은 모든 딸들에게 감옥이 되었다. 그렇지만 우리 모두는 흔쾌히 그 감옥에 갇혀 이상 속의 엄마를 영원히 그리워하는 형벌을 받게 되었다. 우리 모두는 어머니 이전에 살아 있는 육체와 정신을 소유한 여성이다. 그것만이 유일한 진실이다.

엄마에게 받고 싶은
유일한 것

아이들을 데리고 정신분석 실습을 할 때, 나는 아이들의 엄마와 만난다. 이 만남은 격렬하고 고통스럽다. (⋯) 나는 엄마 역할을 하는 여성들을 직접 만날 때보다 심리학적 담론을 들을 때 더욱더 엄마들에 주목하게 된다. 나는 무엇을 들었는가? 엄마들은 의심스러운 존재라는 것, 만족할 줄 모르는 본능으로 점차 아이들을 질식시키는 존재라는 것. 나는 무엇을 보았는가? (엄마들의) 담론에서 이 본능의 자취를 찾는 것, (⋯) 나는 무엇을 읽었는가? 아이의 정신 이상은 엄마의 침입으로 원인을 설명할 수 있다는 것. (⋯) 공포영화 같은 끔찍한 엄마. (⋯) 나는 엄마를 향한 이 방대한 증오의 장치가 여성혐오의 가장 거대하고 효과적인 보루라고 생각한다.

모니크 플라자 the mother/the same, 『분노와 애정』에서 재인용, 278쪽

나는 결혼을 했으니 당연히 엄마가 되겠지 정도만 생각했지 어떤 엄마가 되어야겠다는 계획이나 준비가 아무것도 없었다. 그런 상황에서 아이가 태어나자 나는 전적으로 나에게 의지하는 작고 연약한 존재에 압도되었다. 과연 이 아이를 무사히 키울 수 있을지 두려웠다. 아이들에게 베풀 사랑보다 어떤 일인지 기억도 나지 않지만 그저 어떤 통증 같은 걸로만 남아 있던 상처들이 더 생생해져서 내가 끝내 아이들을 망칠 것만 같았다.

큰아이는 걷는 것도, 말문이 트이는 것도 늦었다. 학교에 들어가자 매일 선생님 호출이 왔다. 아이가 너무 느려 수업을 하는 데 방해가 될 정도라 힘들다고 나를 앞에 두고 하소연했다. 아이는 감정 표현도 적었다. 관심사도 보통 아이들과 좀 달랐다. 나는 아이가 혹시 자폐는 아닐까 전전긍긍했다. 지금 생각해보면 아는 게 병인 상황이었지만 엄마인 나로서는 무심할 수 없었다.

　선생님 호출에 몇 번 불려 다니고 나서 1년 넘게, 인천에서 서울까지 일주일에 한 번 아이를 데리고 아동상담소를 다녔다. 아이는 자폐도 아니었고, 도리어 감정이 너무 섬세해서 문제인 것으로 판명되었다. 그 과정에서 적지 않은 돈을 썼다. 인천에서 서울을 오가는 지하철 안에서 아이들의 심리적 안정이나 균형까지 돈으로 살 수 있겠구나, 정작 이런 상담이 절박하게 필요한 아이들은 어떨까 이런 생각이 들어 씁쓸해지곤 했다.

　나는 늘 동동거렸다. '아이에게 가장 중요한 것은 이것'이라고 외치며 바로 그 최고의 육아 방법을 담았다는 책이 넘쳐났다. 이 나이엔 이런 게, 저 나이엔 저런 게 필요하다고 세상 곳곳에서 떠들어댔다. 그런 소리들에 나는 초연하지 못했다.

　엄마가 된 순간, 그때부터 아이에 대한 가장 큰 책임은 엄마에게 맡겨진다. 누구도 명시한 바 없지만 마트에서 심하게 떼를 쓰는 아이들을 보아도, 식당에서 난장판을 벌이는 아이들을 보아도 사람들은 혀를 끌끌 차며 아이의 엄마를 탓한다.

　때로는 함께 아이를 키우는 엄마들이 공격하고 그것이 가장 아픈 공격이 되곤 한다. 아이들에게 TV 시청이나 미디어

사용을 제한하는지, 음식의 성분과 종류를 엄밀하게 구분해서 선별해 먹이는지, 직접 해 먹이는지, 사 먹이는지, 아이들을 방치하는 시간이 긴지, 아이들과 함께 의미 있는 교육 활동을 하는지, 숱한 엄마들이 감시의 눈초리를 보내고 이런 저런 충고를 늘어놓거나 자신과 다른 엄마들을 경멸하거나 흉본다.

엄마들에게는 아이가 생존하고 성장하는 데 대한 책임이 있다. 환경에서 오는 생존의 위협이 줄어든 지금, 육아에 대한 막중한 책임감은 대부분 사회적 기대에서 온다. 아이들의 성취는 엄마의 노고로 치하됨과 동시에 아이들의 실패는 엄마의 부족함으로 질타를 받는다.

아이의 성격이 본성이냐 양육이냐를 놓고 과학적으로 오래 격돌해왔지만 엄마의 양육은 또래 집단과의 교류에 비하면 아이들에게 미치는 영향이 미미하다고 결론난 지 오래다. 그럼에도 엄마들은 아이들의 성취에 전적인 책임을 진다. 발화자로서 엄마들에게 허락된 목소리는 오로지 아이들의 성취 혹은 실패에 대해서 이야기할 때만이다. 아이들이 이른바 명문대에 가거나 사회적 성공을 거두었을 때, 그 양육의 비법을 말할 자격, 아이들이 실패했을 때 반성문을 쓸 자격, 오로지 두 가지만을 허용한다. 아빠들은 아이들과 함께 놀아준 것만으로도 이야깃거리가 될 수 있지만 말이다.

나는 우리나라 1세대 여성학자 박혜란 선생이 세 아들을 서울대에 보낸 엄마로 소개되고 그에 관한 책이 베스트셀러가 되는 것이 슬펐다. 다른 한편으로는 자신이 자식을 어떻게 망쳤는지 엄마들이 쓴 숱한 반성문에 늘 가슴이 아팠다. 그러면서도 나 역시 아이들이 가지고 태어난 아름다운 천성을 나의 미숙한 육아로 망치지는 않을지, 내 모나고 못난 성정이 혹 아이들을 괴롭히는 건 아닐지, 무엇보다도 나에게도 무조건적인 사랑이라는 게 과연 있을지 늘 괴로워했다.

큰아이가 중학생이 되었을 때 과학 선생님 권유로 어느 대학교 부설 물리 영재반에 들어가게 됐다. 그리고 그냥 재미있어서 하게 된 교내 물로켓 대회에서 아이가 1등을 하는 바람에 시 대회에 나갔다가 전국 대회에까지 나가게 되었다. 일이 이 정도로 커지자 나는 두려움에 사로잡혔다. 어쩌면 내가 엄청난 재능을 가진 아이를 가졌는데, 오로지 나의 무지와 무관심 때문에 망칠지도 모른다는 두려움이었다. 다시 아는 게 병이다.

물로켓 대회를 준비한다고 매일 페트병으로 몇 개씩 로켓을 만들었고, 방과 후 운동장에서 아이와 연습을 했다. 재미로 시작했는데 일이 커지고 연습이 반복되자 아이는 지겨워하기 시작했다. 그 결과 울산까지 가서 치른 전국 대회에서는 여러 악재들이 겹쳐 좋은 성적을 거두지 못했다.

매 순간 관심사가 바뀌는 그 또래 아이답게 다음 해에 큰 아이는 전자과학에 푹 빠졌다. 이 역시 얼떨결에 시 대회에서 상을 받고 전국 대회에 나가게 되었다. 제도권 시험은 현실이었고 일단 대회에 나가기로 한 이상 나도 무심할 수 없었다. 아이의 예선 지필시험 준비를 위해 과학창의재단에서 몇 년 치 기출 문제를 내려받아 저항값, 전력과 전압 등을 구하는 법을 익히는 것은 물론, 전해 콘덴서니 광도전자니 하는 정의를 열심히 공부했다. 비안정 멀티 바이브레이터가 뭔지도 알아야 했고, 직류와 교류 전압의 차이와 역할, 합성 저항을 구하는 방법도 익혔다. 나는 지극히 문과 타입 인간인지라 재미있어서도 아니고 오로지 아이를 가르치기 위해 이런 것들을 이해하고 익히는 게 쉬운 일은 아니었다.

아이가 이번에는 별 관측에 관심을 가지기 시작했다. 나는 과학교육연구원에서 매달 여는 천체 관측회 공지가 올라오는지 매일 매시간 웹사이트를 확인하고 신청하는 날짜와 시간을 잘 기억해뒀다가 일착으로 신청했다. 선착순이라 경쟁이 치열하기 때문에 등록 시간이 되자마자 신청하지 않으면 안 됐기 때문이다.

아이 덕분에 내가 평생 할 일 없었던 전자과학 공부를 다하고 11월 청명한 밤하늘의 속살도 구경했다. 연구원에서 만난 과학 분야의 사람들, 좋아하는 일을 열심히 하는 사람이 가진 명랑함이 좋아서 우리 아이도 이렇게 자라면 좋겠다, 기대를 품기도 했다. 그러나 그걸 즐기기엔 아이가 가진 재능을 내가 망칠지도 모른다는 걱정 그리고 아이의 성취는 엄마 하기 나름이라는 기대에 마음이 무거웠다.

큰아이가 이런저런 과학대회에서 상을 받고 중학교 3년 내내 영재반에 다니면서 많은 엄마를 만났다. 그곳 엄마들은 크게 두 부류로 나뉘었다. 한 부류는 과학 영재반을 과학고에서 명문대로 이어지는 트랙으로 생각해 어렸을 때부터 온갖 정보를 수집해 이른바 스펙 쌓기 겸 선행학습을 하는 엄마들("정보 좀 공유해요!"), 또 하나는 아이들 천성을 강조하면서 어릴 때부터 독서 같은 기본 생활 습관을 잘 길러주고 관심사를 격려한 것밖에 한 일이 없다는 엄마들("영재는 타고나는 거지요!")

나는 두 부류 가운데 어디에 속했을까? 나는 둘 다에 속하지 않기를 바랐지만 둘 다에 속했다. 우리 아이가 특별한 아이이길 바라면서도 두려웠고, 아이가 뒤떨어질까 걱정하면서도 선행학습과 학원 맴돌이에 밀어넣고 싶지는 않았다. 내 시간과 노력을 들여 아이를 즐겁게 가르칠 만큼 인내심도 없었다. 어쨌든 두 부류 모두 엄마 역할이 중요하다고 생각했다. 나는 아이가 얼떨결에 영재반에 들어간 탓에 과학고 트랙의 너무 많은 정보를 듣게 되었다.

나는 우리 사회가 어떤 아이들에게 더 많은 기회를 허용하는지 경험으로 잘 알고 있었다. 그러니 쏟아지는 정보에 초연할 수 없었다. 그건 아이에게는 재앙이었다. 재능 있는 아이를 내 무지와 무관심 탓에 망치면 어쩌나 걱정하면서도, 나는 욕망을 그대로 드러내는 속물 엄마가 되고 싶지는 않았다. 아이는 중2 말부터 이른바 영재학교나 과학고 시험을 보러 다녔다. 아이는 그런 시험에 특화된 학원에 다니지도 않았고, 별다른 사교육이나 선행학습을 받지도 않았다. 그런 터라 아이에게 그 시험의 문제들은 이해조차 할 수 없는 것들이었다. 물론 아주 특별한 천재가 아니어서였을 수도 있다.

그 기간 동안 아이는 아무 불평 없이 내가 이끄는 대로 시험장에 가곤 했지만 스트레스가 컸을 것이다. 도무지 이해할 수 없는 시험지를 받아들고 아이는 얼마나 스스로에 실망했을까? 그 시기를 한참 지나고서야 겨우 나는 아이가 그때 겪었을 좌절감에 대해 생각하게 됐다. "그냥 마음 편히 해" 하는 말과 아빠와 엄마 얼굴에 어린 기대감 사이에서 아이가 겪었을 혼란과 자책을 생각하면 뒤늦게 마음이 쓰렸다.

아이는 오랫동안 나를 미워했다. 고3 후반기에는 우울증을 앓았던 것도 같다. 고등학교를 졸업한 후로 아이는 대학에 적응하지 못했고 자주 울었다. 큰아이가 병원에서 우울증 진단을 받은 후에 우리는 우울증 약 꾸러미를 소중히 챙겨 아이와 함께 미국으로 왔다. 이곳에서 아이는 매일 열두 시간씩 고된 식당 일을 하면서 시간을 보냈다. 걱정했지만 아이는 한국에서 대학을 다닐 때보다 훨씬 낫다고 했다.

그러던 어느 날 아이가 자기는 자살할 거고 유서에 꼭 엄마 때문에 죽는다고 적을 거라고 했다. 내 눈을 똑바로 쳐다보며 그런 말을 했다. 그게 아이가 나에게 할 수 있는 최대한의 복수라는 걸 잘 아는 눈빛이었다. 그날을 생각하면 아직도 시퍼런 멍을 꾹 누른 것처럼 마음 한쪽이 아프다. 아이들을 기르는 동안 그 아이들을 통해 내가 가볼 수 없는 세계, 시간을 경험하는 것만으로 충분했는데, 나는 그것을 즐기지 못했다. 엄마들과 아이들은 모두 서로를 이해할 수 없는 채로 서로 사랑해야 한다. 아니, 서로 죽도록 사랑한다. 비극은 여기서 시작된다.

엄마는 틀림없이 엄마의 방식으로 우리를 사랑했을 것이다. 하지만 나는 엄마에게 사랑을 받았는지 확신이 없었다. 나는 늘 엄마에게 사랑받기 위해 애썼고, 그만큼만 사랑받았다고 느꼈다. 어느 영화의 대사처럼 나는 평생 내 쓸모를 증명해야만 세상에 존재할 수 있다고 생각해왔다. 그리고 여전히 그 생각의 영향력 안에 있다. 내가 어떤 식으로든 더 이상 쓸모없으며 심지어 누군가에게 폐를 끼치는 존재가 되면 견딜 수 있을까 종종 생각하곤 했다.

죽을병에 걸려 오로지 목숨을 잇기 위해 좋은 공기와 먹거리를 찾아 산속으로 들어가 가족과 사회관계를 모두 끊고 살아가는 사람들의 이야기를 들으면 그냥 존재하는 것 자체로 의미 있다는 것을 받아들이기 힘들었다. 나를 다만 이 세상에 존재시키기 위해 누군가 애를 쓰고 희생을 해야 한다면, 그게 부모든 자식이든 나를 사랑하는 사람이든 받아들일 수 없을 것 같았다. 어쩌면 이런 내 생각이 아이들에게도 영향을 미쳤을까?

내가 아이에게 잘못했다고 생각한 것은 그것이었다. 내가 그토록 엄마에게 받고 싶었던 것. 내 아이를 존재 그대로, 무작정, 사랑하는 것. 착한 만큼만, 엄마가 원하는 일을 한 만큼만, 엄마를 부끄럽지 않게 한 만큼만이 아니라 그냥 나라서. 아마 엄마도 그 엄마에게서 받길 간절히 바랐을 그것.

세상의 모든 엄마와 자식은 이 운명의 트랙 위에 올라 앉아 있다. 특히 딸들이 갖는 엄마에게 가지는 원망과 연민은 딸들의 숙명이다. 딸들은 언젠가 엄마가 될 테니까. 엄마가 되리라는 예언은 그런 점에서 축복이기보다 저주다.

엄마가 사랑과 돌봄의
원천이라면

가족을 둘러싼 세계는 가족이 그에 대항해 보호와 온기를 제공해야만 하는 거친 세상이 아니다. 오히려 가족이 외부 세계로부터 안락함과 안전함을 빼앗은 결과 세상이 황폐해졌다는 것이 맞을 것이다. 즉, 살풍경한 사회로부터 보호하는 명목으로 요새를 쌓은 결과 사회가 살풍경해진 것이다. 가족은 실은 돌봄의 주된 행위자이지만 돌봄을 독점함으로써 다른 형태의 돌봄 수행을 어렵게 했다. 가족은 실로 공유의 단위지만, 공유가 그 안에서만 일어날 것을 주장함으로써 다른 관계들은 돈만이 목적인 관계로 만들었다. 가족은 실은 친밀성의 장소지만 가까운 친족관계에서의 친밀성에 특권적 지위를 부여함으로써 외부세계를 차고 냉담한 것으로 만들었고, 친족을 제외하면 안정적인 관계맺음과 신뢰가 유지되기 어렵게 했다. 만일 가족이 그것들을 자기만의 것이라 주장하지 않는다면, 돌봄과 공유와 사랑은 더욱 널리 확산될 것이다.

미셸 바렛·베라 맥킨토시, 『반사회적 가족』, 김혜경·배은정 옮김, 나름
북스, 2019, 160-161쪽

'친구 같은 엄마와 딸'은 신화에 불과하다. 새삼스럽지도 않다. 그러나 사람들은 그렇게 생각하지 않는다. 사람들은 딸이 없는 엄마를 공공연히 불쌍해하고 나이든 여자에게 필요한 것 가운데 중요한 것으로 딸을 꼽기도 한다. 왜일까? 점점 나이 들어가는 부모에게 딸은 장차 자신의 노후를 살갑게 돌봐줄 인적 자원이기 때문이다. 삭막한가? 진실이란 삭막한 법이다.

정상가족 중심의 가부장제는 사회가 책임져야 할 것들을 가족의 일로 떠넘겨왔다. 그 가운데 핵심 역할이 돌봄이다. 아이들과 노인들, 장애를 가진 이들을 돌보는 일은 사회의 토대를 만들고 지속시키는 데 꼭 필요하다. 이제까지 이 일은 이른바 '가정' 혹은 '가족'이 도맡아왔다. 그리고 엄마, 딸 혹은 며느리(남의 집 딸)가 그 일을 해왔다. 살갑게 내 마음을 챙겨주고, 곁에서 말벗이 되어주고 쇠약해지면 병구완을 해줄 수 있는 딸.

엄마들은 딸일 때 부모와 형제자매들을 돌보며 자라 엄마가 되었고, 엄마가 된 후에 자식들을 돌보며 시댁과 처가의 어른들도 돌봤다. 그런 '엄마'의 일은 자연스레 '딸'의 일이 된다. 엄마는 엄마의 일을 해냈기 때문에 딸들에게도 당연히 그런 역할을 기대한다. 실제로 딸들이 이런 역할을 하고 있음을 많이 본다.

시골에 혼자 사시던 이모 한 분은 명절을 앞두고 장 보러 나갔다가 뇌출혈로 쓰러져 사경을 헤매다 간신히 살아나셨다. 보험급여 때문에 몇 군데 병원을 주기적으로 옮겨 다니며 연명치료를 받다가 상태가 많이 호전되셔서 지금은 가족들이 돌보고 있다. 이모를 모신 전셋집은 아들들이 얻었지만 먹이고 입히고 닦으며 이모를 실질적으로 돌보는 사람은 사촌 언니들이다.

처음엔 마음의 준비를 하라는 말까지 들었었는데 이모는 벌써 10년 넘게 자리를 보전하고 계신다. 이모는 작고 말랐다. 그래도 자기 힘으로 몸을 가누지 못하니 그 체중을 매일 들고 옮겨야 한다. 이미 50대가 훌쩍 지난 사촌 언니들은 손목, 어깨, 무릎 관절에 문제가 생겼다. 아파서 직접 모시는 경우도 있지만, 반찬이나 안부를 챙기고 병원에 모시고 가는 일들도 있다. 역시 대개 딸들 몫이다. 실제 연구 결과도 노인 돌봄 전담자의 성별은 남성 15퍼센트, 여성 85퍼센트,

대부분 딸과 며느리 등이었다.

엄마는 몇 년 전 심장 혈관에 문제가 생겨 스텐트 시술을 받았다. 허리나 무릎도 시원치 않아서 잘 걷지 못하고 기운이 많이 떨어졌다. 그런 엄마는 요즘 점점 더 자주 말한다.

"딸이 많아서 좋겠다는데, 나는 좋은 줄 모르겠다."

시차가 열 시간 이상 나는 미국에 있는 동생에게 아무 때고 전화를 걸어 그런 푸념을 한다. 동생은 어떤 때는 운전 중이라, 어떤 때는 아이 등교 준비를 해야 해서, 어떤 때는 볼일을 보는 중이라 엄마 전화를 소홀하게 받을 수밖에 없다. 그러면 엄마는 서운해한다. 그래도 엄마에게 자주 전화를 걸어 시시콜콜 사는 이야기를 나누는 동생은 "나만큼 자주 전화하는 사람이 어딨다고 그래?" 하고 엄마에게 따진다. 그러면 엄마는 사촌 언니들을 거론한다. 초등학생 아이를 기르는 동생이 "그 언니들한테 우리 막내만 한 아이 있어?" 하고 받아치면 엄마는 곧 말문이 막히면서도 매번 서운함을 감추지 않는다.

아이들 돌보는 일도 겸해야 하는 우리가 아이 일로 애면글면하면 엄마는 단골 레퍼토리로 "그래 봐야 아무 소용없다"는 말을 읊었다. 아이에게 아무것도 돌려받지 못한다는 뜻이자 엄마에게 세심하게 마음 써주지 않는 딸들에 대한 원망이 담겨 있음을 우리는 안다. 자식 신경 쓰는 만큼의 반만이라도 엄마에게 신경을 써보라는 에두른 타박이기도 하다. 엄마 세대에게 자녀들은 노후 대책이나 다를 바 없으니 그런 기대가 당연하다.

엄마는 종종 대학 하나 안 보냈어도 아픈 이모를 정성껏 모시는 이종사촌 오빠 언니 들을 이야기하며 이모를 부러워했다. 고생스러웠던 엄마의 삶을 깊이 연민하며 어떻게든 그 고생에 보답하려는 다른 집 자식들 이야기도 자주 했다. 우리에게 "인정머리 없는 자식들"이라는 비난도 서슴지 않았다. 대학까지 보내놓아봤자 다 저 잘나서 큰 줄 안다고도 했다. 더 많이 들였으니 더 많이 갚아야 한다는 논리다.

동생은 엄마를 모시고 자주 해외여행을 떠나고 나름 추억을 만들려고 노력했지만 번번이 엄마와의 여행에 넌더리를 내며 돌아왔다. 새로운 곳을 구경하고 색다른 음식들을 먹으며 경험을 나누는 즐거움보다 듣고 또 들어 지겨운 과거 이야기들을 들어주길 바라고, 낯설어서 불편하고 힘든 것들을 불평했다. 시간을 내고 돈을 쓴 동생은 고개를 저을 때가 많았다.

자식들의 무심함을 탓하는 엄마의 푸념을 듣고 있자면 도대체 뭘 어쩌라는 건지 싶을 때가 많았다. 딸들은 엄마의 소망을 무시할 수 없어서, 아니 이왕이면 엄마를 기쁘게 하고 싶어서 갈팡질팡한다. 나 역시 그랬다. 나는 종종 나에게 나만의 욕망이라는 것이 있을까 생각한다. 주위 사람들을 만족시키려고, 적어도 실망시키지 않으려고 애써온 과정이 여태까지의 내 삶을 만들어온 게 아닌가 하는 자각이 들고 난 후부터 대상을 알 수 없는 울분을 느끼곤 한다.

엄마도 그랬고 엄마의 엄마도 그러지 않았나. 그래서 유예된 욕망은 그 딸에게서 다시 딸에게로 대물림되면서 수건 돌리기를 하듯 맴돈다. 나뿐 아니라 여성 대부분이 보이거나 보이지 않는, 스스로 혹은 외부에서 주어진 제약들에 욕망의 주도권을 내어준 채 후회로 가득한 삶을 살고 있는 건 아닐까. 내가 책이나 영화에서 본 욕망의 주체였던 여자들은 모두 모두 벌을 받거나 불행해졌다.

난 딸은 없지만 아이들을 바라볼 때 어쩔 수 없이 한 인간과 인간이 아니라 내가 바라는 자식의 모습을 자꾸 투영한다. 그 모습은 때론 나와 닮았고, 어떤 때는 내가 갖길 바랐으나 갖지 못한 것들로 채워진다. 어떤 때는 사회가 정상이고 성공했다고 장려하는 그런 모습. 비극은 그 어떤 모습도 아이 그대로는 아니라는 사실이다. 그래서 부모들이 자기 아이들을 가장 모르고 부모는 영원히 자식을 있는 그대로 바라볼 수 없는 운명이다.

아이들은 종종 부모가 원하는 자식이 되기 위해 자기 자신을 속이고 숨긴다. 한국 학교에 적응하지 못해 결국 학교를 그만둔 한 아이는 외로운 외국 생활을 좋아하지 않았지만 부모가 좋아한다는 이유로 외국에 계속 머물며 학교에 다녔다. 그 아이의 부모는 우리나라 교육 문제 때문에 아이가 적응을 못했을 뿐, 자유롭고 억압이 적은 외국 학교에서 자신의 가능성을 마음껏 누리고 있다고 안심했다.

이런 이야기들은 아주 흔하다. 부모가 아이의 친구가 될 수 있다고 믿는 한 우리는 이런 어리석음에서 영원히 벗어날 수 없다. 같은 신체를 공유하고 같은 사회적 기대를 받는 어머니와 딸의 관계는 한층 더 복잡하다. 엄마는 내게 무엇을 바란 것일까? 나는 과연 어떤 사람이었을까? 나는 엄마가 원하는 사람이 되었을까? 아니면 나 자신이 되고 싶은 내가 되었을까? 그 중간 어디쯤?

나는 엄마가 바라는 내 모습이 되기 위해 얼마나 스스로를 억압하고 미워했을까? 그런 생각을 하다 나는 화들짝 놀란다. 엄마 마음에 들지 않는 일을 할 때, 엄마가 짓던 못마땅한 표정들을 내가 늘 곁눈질하고 있었다는 사실을 깨달아서다. 그리고 또 다시, 엄마 곁에서 엄마를 바라보는 엄마의 엄마를 느낀다. 그 엄마의 엄마들이 끊임없이 이어져 마침내 우리를 둘러싼다.

엄마가 생각하는 효도, 엄마가 우리에게 베푼 것을 되갚는 건 어떻게 해야 하는 걸까? 유교 문화의 영향권 안에서 오래도록 '어버이 은혜'를 듣고 자란 나는 진자리 마른자리 갈아 뉘며 자식을 기른 부모의 은혜에 보답해야 한다는 생각에 늘 부담을 느꼈다.

엄마는 딸이라고 자신과 이모들을 차별한 외할머니에게 불만이 많았으면서도 외할머니가 돌아가실 때까지 가까이서 모셨다. 나이가 드신 외할머니는 더 이상 할아버지와 함께 살 수 없다고 선언했다. 자녀들이 다 성장해 출가해 모든 책임이 끝났으니 젊은 시절 당한 폭력과 학대의 기억을 지닌 채 할아버지와 여생을 보내고 싶지 않다는 거였다. 자식들 모두 할머니 말에 전적으로 공감했다. 아들이 부모를 모시는 게 당연했던 시절이라 별 이견 없이 큰외삼촌이 외할아버지를, 작은외삼촌이 외할머니를 모시는 것으로 책임을 나누었다. 약간의 논과 집 같은 재산은 두 아들에게 분배했기 때문에 외할아버지는 아들들에게 노후를 의탁하는 일을 떳떳하고도 당연하게 생각하는 듯했다.

깔끔한 외할머니를 모셨던 작은외숙모는 여러모로 스트레스를 받았다. 색깔 있는 행주 사건이 대표적이다. 외할머니에게는 양잿물을 넣어 삶은 하얀 행주만이 진리였다. 색깔 있는 행주, 삶을 수 없는 부직포 행주 따위를 외할머니는 견디지 못했다. 종종 외숙모의 부엌에 간섭했고 색깔 있는 행주들을 몰래 갖다 버리기까지 했다.

외삼촌과 같은 아파트 단지에 살았던 엄마는 외숙모가 받는 스트레스를 덜어주려고 아빠가 출근해 있는 동안은 외할머니를 우리 집으로 모셔왔다. 두 분이 나눈 이야기들은 특별히 기억나지 않는다. 티격태격도 많이 하셨다. 하지만 해가 저물 무렵, 아빠가 돌아오기 전에 외삼촌 댁으로 돌아가던 두 분의 뒷모습이 특별한 기억으로 떠오른다. 해 질 녘 거리를 약간 거리를 둔 채 앞서거니 뒤서거니 걸어가던 모습을 떠올리면 엄마와 딸의 거리에 대해 생각하게 된다.

큰외숙모가 일찍 돌아가시고 혼자된 큰외삼촌은 괴팍한 외할아버지 모시는 걸 버거워했다. 언어맞고 자란 어린 시절 기억 때문에도 그랬다. 엄마 고향 사람들은 외할아버지가 외삼촌에게 한 일들을 기억했고 "어떻게 그 아들 집에 가서 사느냐? 낯도 두껍다"며 혀를 찼다. 한 세기 넘게 사시고 큰 병환 없이 노환으로 돌아가신 외할아버지는 결국 요양원에서 생을 마쳤다.

역시 특별한 병환 없이 아흔 넘게 장수하신 외할머니는 작은외삼촌 댁에서 돌아가실 때까지 지내셨다. 엄마에게는 외할머니처럼 노후를 자식과 함께 보내는 게 어쩌면 늘그막의 소망일지 모르겠다. 엄마 세대는 부모 부양은 책임졌지만 자신의 부양을 자식들에게 기대할 수 없게 된 거의 첫 세대다. 게다가 맞벌이를 하는 자식들을 위해 손자녀들을 돌볼 책임까지 떠맡은 세대이기도 하다.

머리로는 자식들에게 부양을 기대하기 어렵다는 사실을 잘 알면서도 자신들이 부모를 부양했던 기억이 있기 때문에 제아무리 시설 좋은 양로원이나 요양원에서 노후를 보낸다 하더라도 자식들에게 버려졌다는 서글픔을 느낄지도 모른다. 나는 엄마가 지금보다 더 늙고 병이 들어 더 이상 혼자 지내는 것이 어려워지면 어떻게 해야 하나 생각하곤 한다.

나를 낳고 키워준 부모의 은혜에 보답한다는 건 무엇일까? 아이들이 건전한 시민으로 자라 자기 몫의 일을 하고 살아가며 이따금 안부를 묻고 모여서 함께 따뜻한 식사와 시간을 나누는 정도로는 충분치 않은 것일까? 각자의 생활과 시간을 지그시 바라보며 저마다의 즐거운 일과 걱정거리를 서로 나누고, 무소식을 희소식으로 생각하다 이따금 찾아오면 뜻밖의 기쁨으로 생각하며 그렇게 지낼 수는 없을까? 하지만 나 역시 나이가 들면 내 아이들에게 무언가를 기대하게 될까? 그런 대답할 수 없는 의문들도 함께 떠올리곤 한다.

내가
나일 수 있을 때

어린 나에게도 타인의 요구라는 압박에서 벗어나는 나름의 '퇴근'이 있었다. 나는 나 자신을 위한 '작업실'을 만들었다. 나는 벽장 뒤쪽이나 식당 구석에 몸을 숨기고 그림을 그렸다. 보이지 않고 침범당하지도 않는다는 감각은 일종의 환희였다. 위니캇은 '존재의 지속'이라는 개념을 이야기한다. 모든 아기, 실은 모든 사람이 원하는 건 오로지 방해받지 않고 존재를 지속하는 것뿐이라는 개념이다.

앨리슨 벡델, 『당신 엄마 맞아?』, 송섬별 옮김, 움직씨, 2019, 136쪽 엄마와 딸의 관계에 대한 책을 읽다가 한 여성 사회학자가 '여성으로 사는 것'과 '사람으로 사는 것' 사이에 격차가 너무 커서 사회학을 공부할 수밖에 없었다고 한 말이 마음에 남았다. 지금 나는 어느 때보다 가장 '나'라는 '사람'에 가깝게 살고 있지 않나 생각한다. 나는 그동안 여러 개의 짐과 책임을 하나씩 차례차례 내려놓고 새로운 짐을 다시 들어 올리면서 내 무게 중심을 맞춰온 것 같다.

나라는 사람은 단일하고 절대적인 정체성 하나가 아니라 여러 정체성이 조각처럼 모여서 만들어진 것이라고 여겨왔다. 사람들은 '나'라는 변하지 않는 어떤 조각이 있다고 생각하지만 나는 거의 모든 나의 일면들은 일종의 '연기'라고 생각한다. 시기에 따라, 인생의 가장 중요한 과제에 따라 내 정체성의 부분들은 커졌다 작아졌다 해왔다. 사람들이 그토록 찾아 헤매는 진정한 자아는 있다 하더라도 아주 작을 거라고 생각했다.

간혹 어려운 시절을 지날 때, 그 여러 개의 정체성이 서로를 지탱해주었다. 두 어린 아들의 엄마로 정신없이 살았기 때문에 다른 나들이 견딜 수 있었던 시절도 있다. 엄마에게 순종하고 엄마를 보호해야 한다고 생각한 딸로 살았기에 다른 나들이 잘 지낼 수 있었던 적도 있다. 부모나 형제 같은 혈연관계가 아닌 남편에게 조건 없는 사랑을 받은 시기의 나는 그 덕에 살았다.

그렇더라도 역할로 규정된 조각들로만 나를 영원히 지탱할 수는 없다. '진정한 자아'를 의심하면서도 나라는 수많은 조각 속 역할로는 규정되지 않는 어떤 조각이 있을 거라고 믿었다. 그 영역 안에는 누구도 살지 않고, 어떤 일도 반드시 해야 할 일로 주어지지 않는다. 위니캇은 무엇의 방해도 받지 않고 오로지 존재하는 '존재의 지속'이라는 개념을 말한 바 있다. 앨리슨 벡델은 『당신 엄마 맞아?』에서 혼자 그림을 그리며 숨어 있었던 벽장 뒤쪽이 그런 곳이었다고 썼다. 한때 차고가 나에게 그런 공간이었다.

미국에서 학생 신분으로 산 시기가 있었다. 아이들을 학교에 보내놓고 내 수업도 끝나고 집에 돌아오면 나는 가끔 차고로 들어갔다. 작은 아파트에 딸린 차고였다. 자주 쓰지 않는 온갖 공구들을 쌓아둔 여느 미국 집 차고와는 달리 차 한 대면 딱 들어차는 작은 공간이었다. 차를 탄 채 어둡고 작은 차고 안에 들어가 차고 문까지 닫고 나면 그 안은 빛도 거의 들어오지 않는 어둡고 작은 상자가 되었다.

그런 채로 30분쯤 앉아 있었다. 아이들은 모두 학교에 갔고 남편은 한국에 있었으므로 집에 들어가도 나를 방해할 것이 아무것도 없었다. 그래도 나는 집보다 그 차고 안에 앉아 있는 시간이 편안했다. 눈을 감고 완벽한 어둠 안에 있으면 어딘가에서 초록색 불빛이 깜빡이면서 내 안이 에너지로 조용히 차오르는 느낌이 들었다. 됐다 싶은 순간에 차고 문을 열면 놀랄 만큼 환한 빛이 쏟아져 들어왔다. 그 빛으로 들어가는 데 필요한 게 용기였구나 싶은 마음까지 들었다.

"왜 여자들은 집에 있는 걸 싫어해요? 난 좋기만 하던데?"

함께 일하는 남자들이 내게 묻곤 했다. 그럴 때마다 그들이 일터에 있기 싫은 이유와 여자들이 집에 있기 싫은 이유가 같다는 걸 내가 잘 설명할 수 있을지 생각하느라 대답할 타이밍을 놓쳤다. 여자에게는 집이 또 다른 일터라는 걸 그들은 영원히 이해할 수 없을지도 모른다. 사람들은 엄마들이 하는 일이 세상이 만들어질 때부터 그들에게 주어졌고 언제나 그 일을 기쁨에 넘쳐 하는 줄 아니까.

가정 안에서 엄마와 딸에게는 '보살핌'이라는 임무가 주어진다. 몸과 마음으로 하는 이런 노동을 무가치하다거나 힘들지 않은 일이라고 생각하는 사람들은 별로 없다. 그렇다고 엄마와 딸들이 하는 그 일들을 치하하거나 특별하다고 생각하지도 않는다. 나는 집에서도 끊임없이 이런 일을 하는 엄마를 보아왔다. 타인의 요구에 응답하는 일이라 엄마 자신의 욕구와 필요와는 종종 어긋났을 것이다.

나 역시 아이들을 키우는 내내, 아이들이 고등학교를 졸업할 때까지 집에서 나와 일을 하면서도 마치 아이를 업고 일하는 것 같은 느낌을 받곤 했다. 내가 유난스러운가 생각했는데 아니었다. 오나 도나스가 쓴 『엄마됨을 후회함』에서 이런 이야기를 읽었다. 사회는 처음 몇 년만 견디면 아이가 성장해 엄마에 대한 의존성이 줄어들면서 점점 수월해진다고 보증하지만, 많은 경우 아이들을 보살피고 기르는 책임은 끝이 없다고. 물리적인 육아가 필요 없어도 24시간 엄마라는 의식을 가지고 살기 때문이다. 어떤 사람은 이를 '일종의 그치지 않는 배경 잡음'이라고 표현했다.

엄마들에게 집은 그런 끝없는 노동과 함께 그들을 고립시키고 소외시키는 공간인 경우가 많다. 엄마에게는 그 모든 역할들을 제외한 '김학순' 자신이라는 조각이 있었을까? 벡델이 쓴 『당신 엄마 맞아?』를 읽다가 벡델의 어머니가 저녁이면 '플렉시글라스돔'의 시간을 가졌다고 쓴 대목을 읽고 여운이 남았다. 젊은 시절 배우였던 벡델의 어머니 헬렌 오거스타는 저녁 식사 시간이 끝나면 담배를 피우며 책을 읽는 시간을 가졌다. 그 시간 동안은 아무도 엄마를 건드릴 수 없었다.

벡델은 엄마가 더 이상 자신에게 굿나잇 키스를 하지 않게 된 것과 플렉시글라스돔의 시간에 상처받았다고 한다. 나는 그것이 엄마가 '나'로 사는 시간이었겠구나 했다. 철들고 나서 책 읽는 시간이 그렇게 좋았던 것은 그 시간만큼은 누구도 내게 침범할 수 없는 시간이었기 때문일까? 아무리 가까운 사람이라도 공유할 수 없는 세계였기 때문에. 물론 그 세계, 그 시간이 어떤 이에게는 책이고, 어떤 이에게는 원예고, 어떤 이에게는 수예고, 어떤 이에게는 그림이었을 것이다. 어쨌든 내게는 그런 시간이 필요했다.

엄마는 어땠을까? 엄마가 길렀던 꽃들과 집 안에 흩어져 있던 숱한 바느질감, 뜨개질거리를 생각하면, 엄마 역시 그게 무엇인지는 몰랐어도 그런 시간을 갈망하지 않았을까 짐작한다. 사람들은 모두 사회나 타인에게 인정받고 자신의 역할을 해내며 공동체의 일원으로 받아들여지길 원하면서도 그에 못지않게 아무것에도 휘둘리지 않은 채 존재를 지속하고 싶어 한다.

결혼을 하고 특히 아이를 낳고 난 후, 나는 그런 시간을 내기가 얼마나 어려운지 절감했다. 하루 24시간 중에 내 시간은 거의 없었다. 그나마 낼 수 있는 시간들도 계속 조각났다.

손으로는 한 가지 일을 하고 있으면서 머릿속에는 해야 할 일들 수십 가지가 굴러다녔다. 빨래를 하고 난 다음에는 설거지를 하고, 방을 치우고… 아, 장도 보러 가야지, 저녁은 뭘 하지? 고깃국? 그럼 고기를 사다 핏물을 빼야지, 그리고 그다음엔….

책을 읽든 일을 하든, 하여간 그게 뭐든 할 시간을 내기도 어렵지만 머릿속이 이렇게 난장판이니 집중할 수도 없고 지속하기도 어려웠다. 아이들 곁에 머물길 택했으면서도 머릿속은 다른 생각들로 가득 차 있었다.

가끔씩 다른 사람들은 엄마와 아내로만도 잘 사는 것 같은데 나는 왜 그렇지 못할까, 내가 배부른 투정을 하고 있는 건가 하는 생각에 주변을 둘러봤다. 살림을 하며 더 많은 아이를 낳아 키우면서도 자기 일도 하는 슈퍼우먼들을 보면 기가 죽었다. 집안의 생계를 책임지는 여성들을 떠올리면 내가 하는 생각들이란 아이들을 사랑하는 자상한 남편이 벌어다주는 돈으로 아이나 잘 키우면 되는 중산층 주부의 나른한 자아실현 타령이 아닐까 경계했다.

사회심리학자 캐롤 길리건은 '여성과 남성의 심리 발달은 다르다'고 주장해 오랫동안 오해를 받아왔다. 길리건의 이론은 그의 지도교수이기도 했던 로런스 콜버그의 '도덕 형성 단계 이론'에 대한 의문에서 시작됐다. 콜버그는 연령, 지능이 비슷한 청소년의 도덕 단계에서 남자아이들이 6단계의 도덕 수준을 보이는 데 비해 여자아이들은 더 낮은 3단계에 머무는 경우가 많다고 주장했다.

여성이기 때문에 도덕 발달이 더 더디거나 도덕 수준이 낮을까? 길리건은 이런 의문에서 연구를 거듭했다. 그의 결론은 여성은 남성과 달리 '돌봄의 윤리'로 세상을 바라본다는 것이었다. '하인즈 딜레마'는 이를 보여주는 가장 유명한 사례다. '아내가 병으로 죽어가고 있는 하인즈라는 남자가 있다. 약국에서 약을 구할 수 있지만 하인즈에게는 돈이 없다. 그렇다면 하인즈는 약을 훔쳐서라도 아내를 살려야 할까?' 이런 질문을 던지고 아이들의 반응에 따라 도덕 발달의 단계를 측정했다.

길리건은 11세 남아 제이크와 13세 여아 에이미에게 같은 질문을 던졌다. 제이크는 훔쳐야 한다고 대답했다. 생명은 돈보다 중요하고 사람은 한 번 죽으면 다시 살려낼 수 없기 때문이라는 것이다. 에이미는 훔치는 것보다 좋은 방법이 있을 거라고 답했다. 누군가에게 돈을 빌리거나 약사에게 사정을 이야기하고 외상을 하거나. 약을 훔쳐서 하인즈가 감옥에 가게 된다면 아내가 다시 아파도 돌볼 사람이 없고, 목숨은 구했다 하더라도 아내는 자신 때문에 남편이 죄를 짓게 되었다며 슬퍼할 거라는 대답이었다.

콜버그의 이론에 따르면 제이크는 가장 높은 6단계의 도덕 발달 수준을 보인다. 세상의 규범이 아니라 인간의 생명은 소중하다는 보편 윤리에 따라 자신의 행동을 결정했기 때문이다. 같은 이론을 적용하면 에이미는 사적 관계를 중심으로 하는 3단계 수준의 도덕 발달에 머문다.

그러나 길리건은 다르게 봤다. 자신의 도덕적 기준에 따라 절도라는 폭력도 불사해야 한다는 제이크가 상황 속 사람들을 모두 독립된 개인으로 본 것이라면, 에이미에게는 사람들 사이의 관계도 중요해서 이것을 깨뜨리지 않는 것을 문제 해결만큼 중요하게 여긴다고 본 것이다.

이를 통해 길리건은 여성의 관계 중심적 도덕관은 돌봄의 윤리를, 남성의 독립성과 평등 중심의 도덕관은 정의의 윤리를 지지한다고 보았다. 그리고 이 둘은 어느 것이 더 우위에 있거나 서로를 배척하는 것이 아니라 상호 보완적이며 인간의 경험과 판단에 둘 다 필요하다고 보았다.

여성이 '관계와 돌봄의 윤리'로 세상을 바라본다는 시각은 여성을 전통적인 성역할에 묶어두는 것이라며 오해를 받아왔다. 오해를 살 만한 주장일 수도 있다. 하지만 혼란을 겪고 있는 내게 길리건의 이야기는 하나의 대답이 되었다. 내 선택은 남편과의 관계 그리고 아이들과의 관계를 고려한 것이었다. 그 과정에서 번민은 당연했다. 나에게도 주어진 역할에 대한 저항, 나에게 더 이롭고 만족스러운 결정이 무엇인지 알고 그에 대해 목소리를 내려는 의지가 있었다. 그러나 이런 경향은 심리적 저항에 맞닥뜨린다. 내가 하고자 하는 대로 한다면, 남편과의 관계가 나빠지고 아이들을 돌보는 일이 불안정해진다는 사실을 나는 알고 있었다. 내 지식과 의지가 관계를 위험에 빠뜨리는 걸 두고 볼 수 없었다.

나는 어떤 게 내게 더 만족스러울지 알고 있었으므로 갈등할 수밖에 없었다. 나는 여성이 관계와 돌봄을 중시하는 관점을 타고나는지, 그렇게 사회화되는지 단언할 수 없다. 다만 여자든 남자든 서로 다른 관점을 가질 수 있고 어떤 것이 더 도덕적으로 우위에 있다고 말할 수 없다는 사실은 알고 있다. 그리고 하나의 큰 목소리보다 여러 개의 다른 목소리가 공존하는 세상이 더 낫다는 사실도.

우리를 교육한 목소리는 가부장적 권위와 욕망을 대변했다. 엄마들은 그런 목소리를 내면화하면서 다른 생각이 떠오를 때 관계의 파국을 막기 위해 침묵을 선택할 수밖에 없었다. 딸들은 그 침묵 속에서 '목소리의 상실과 기억의 교란'을 겪었다. 그럼에도 성역할 때문이든 타고난 천성이든 아이들을 주도적으로 돌볼 수밖에 없었던 엄마들은 '돌봄의 윤리'를 몸에 새겼고 딸들은 자신도 모르는 사이에 그것을 전달 받았다.

딸들은 교육을 통한 외부의 목소리와 엄마에게서 받은 내면의 목소리를 동시에 익힌다. 그래서 혼란을 겪는다. 타인의 요구에 대한 민감함, 돌봄 등은 전통적으로 좋은 가치로 장려된다. 그런데 어떤 의견을 내야 할 때 자신과 의견을 달리하는 사람의 관점까지 포함하려는 시도는 늘 애매하다거나 종속적이라는 비판을 받는다. 장려와 비판, 이 둘 사이에서 여성들은 방황한다.

나는 그 두 가지 목소리 사이에 누구에게도 간섭받고 싶지 않는 '존재'가 있으리라 생각한다. 엄마들은 그런 두 가지 목소리라는 모순의 정점에 서 있다. 엄마들은 아이들이 안전하게 생존할 수 있도록 안정을 추구하면서 동시에 세상이 더 낫게 바뀌길 원한다. 그 흔들림 사이에서 자신의 존재를 찾고 지속하려는 간절함을 품는다.

나는 여성들이 대체로 한때 '문학소녀'의 시기를 겪는 것이 그 때문이 아닐까 생각했다. 결혼을 하고 아이를 키우면서도, 끊임없고 반복되는 노동 속에서도 그 '소녀'를 품는 이유는 오로지 그 안에서 자신이라는 조각을 온전히 느낄 수 있었기 때문이었을 거라고 생각한다. 자신의 목소리로 이야기를 하고 싶어하는 존재를, 어떤 식으로든 자신을 표현하고 싶어 하는 여성들을 나는 매일 만났다.

오로지 누군가의 요구와 필요에 응답하기 위해서만 존재

했던 여성들에게는 "현실 세계에 마음 둘 곳을 찾지 못했지만 문학 속에서 비로소 자신의 자리를 발견할 수 있었고, 본질적으로는 평범했지만 생의 어떤 특정한 순간의 상황과 우연의 힘을 빌려 잠시 동안 특별할 수 있었던"(김용언, 『문학소녀』, 반비, 2017) 그런 순간이 '자기 고유의 존재'를 느낄 수 있었던, 그래서 더더욱 소중했던 순간으로 기억되는 것이다.

엄마를 더 이상
'엄마' 안에 가두지 않기 위해

하지만 나는 초등학교에 다닐 때 어머니가 싸주었던 수백 개의 샌드위치 이야기는 꼭 하고 싶다. (…) 친구들이 아이를 가지기 시작하고, 어떤 생명을 계속 지켜주기 위해 들이는 그 영웅적인 노력, 아무것도 하지 않으면서 모든 것을 요구하기만 하는 어떤 존재를 돌봐야 하는 그 끝없이 소모적인 일을 이해한 후에야 나의 어머니도 내가 기억하지 못하는 어떤 시기에 그 모든 일을 했음을 깨달았다. 어머니는 나를 먹여 주었고, 씻겨 주었고, 입혀 주었다. 나는 어머니에게 말하는 법을 배우고, 그 밖에 수천 가지 도움을 받았다. 매시간, 매일, 매년 그런 일이 반복됐다. 어머니는 모든 것을 내게 주었던 것이다. 내가 어머니를 돌본 이유는 그 기억나지 않는 과거의 시간을 기리기 위해서였다.

리베카 솔닛, 『멀고도 가까운』, 김현우 옮김, 반비, 2016, 20쪽

나는 여전히 엄마로부터 거리를 유지하고 있다. 그러기 위해서 삶의 터전을 바꾸는 일까지 감행했다. 타국으로 떠나와 가장 홀가분한 것은 엄마와 강제로 거리를 두게 된 일이다. 바쁜 일상, 물리적으로 먼 거리가 데면데면함의 핑계가 되어준다. 여전히 엄마에게 전화 걸려 오는 것이 부담스럽다. 무슨 말을 할까 마음이 옥죄고 두근거린다.

가까이서 지내는 한 엄마는 시시때때로 내 공간에 들이닥치고 내 물건들을 엄마 취향대로 바꾸고 엄마와 의견이 다른 나에게 화를 냈을 것이다. 이렇게 멀리 떨어져 있는 데도 이미 손님방에는 엄마 취향의 이불이 산더미처럼 쌓여 있다. 원하지도 않았고 부탁하지도 않았음에도 스스로는 딸에 대한 넘치는 사랑이라고 생각한 엄마가 한국에 다녀온 동생과 큰아이 편에 보내온 것이다.

그 이불들이 엄마인 것처럼 나는 그걸 잠깐 손님방에 넣어두었다. 내가 엄마 곁에 있었더라면 엄마는 내 인생의 중

요한 결정에 아무 책임도 지지 못할 거면서 간섭하고 싶어
하고, 사람들에게 더 그럴듯하게 보이지 않는 딸에게 잔소
리를 하고, 일가친척, 엄마가 아는 사람들을 살갑게 챙겨 엄
마가 으스댈 수 있게 해달라고 압박했을 것이다.

그런 엄마에게 화가 나 있는 동안 엄마와 딸의 문제를 다
룬 책들을 읽었다. 마침 그런 책들이 한꺼번에 쏟아지기도
했다. 흥미로운 건 가부장 전통이 상대적으로 강한 일본 책
이 대다수였다는 사실이다. 뒤이어 한국 책들이 나왔다. 그
런 책들 가운데 대다수는 엄마와 딸의 문제에 심리 관점으로
접근했다. 엄마와 딸이 보여주는 증상들에는 크게 공감했지
만 그 접근법은 아쉬웠다.

'상처 받은 내 안의 아이'라는 구도로 엄마와 딸의 문제에
접근하는 이상, 양육자로서 더 큰 지배력과 영향력을 가진
엄마는 가해자가 된다. 한 인간이 어른으로 성장하는 데는
많은 사람이 관여하고 수많은 요소가 작용한다. 한 인간에
게는 많은 결핍과 상처가 있고, 그만큼 충만한 사랑의 순간
이 함께한다. 모든 문제를 엄마와의 문제로 환원할 때 이 수
많은 요소가 간과된다. 그 가운데서도 딸로 태어나 여성으
로 자라 엄마가 되는 대개 여성의 삶에 사회가 가하는 '어쩔
수 없음'에 마음이 갔다.

나의 모든 문제가 결국 엄마가 어린 시절 나를 잘못 다뤘

기 때문에 생겨났다는 결론에 이르면 '그래서 어쩌라고?' 싶어진다. 엄마는 여자로 자라 엄마가 되었고, 그렇게 딸들을 키운다. 그 과정에서 가해지는 몇 겹의 직접 간접의 압력이 엄마를 통해서 딸들에게 전달된다. 엄마가 여자이거나 아내이거나 엄마이기 위해서 억압했던 스스로의 욕망 또한 딸에게 여러 형태로 전해진다.

시대가 변하면서 압력은 조금씩 달라졌다. 그럼에도 딸들의 삶에는 엄마의 삶이 어느 정도 겹쳐져 있다. 그것은 이해의 토대이기도 했지만 반항의 근거이기도 했다. 딸들은 이제 엄마의 '어쩔 수 없었음'을 헤아리게 되었다. 엄마에게 받고 싶었으나 받지 못했던 것들을 이해하게 되었다. 더 이상 '상처받은 내 안의 작은 아이'를 들여다보며 상처만을 되새기지 않게 되었다.

나이가 들면서 더 깨닫게 됐다. 여성이 아직 성적 존재로 취급 받을 때, 우리가 얼마나 자유롭지 않았던가를. 결혼을 하고 아이를 낳고 차차 늙어서 누군가에게 배우자가 될 가능성, 성적 대상이 될 가능성이 줄어드는 것에 비례해서 나는 조금씩 자유로워지고 더 나다워졌다. 여성이 얼마나 대상화된 존재인지 느낄 수 있는 변화였다.

내가 누군가의 짝이 되어 엄마가 될 가능성만으로 평가될 때, 나는 끊임없이 그 기준에 맞춰 스스로를 단속했다. 나이가 들고서, 다른 사람들이 나를 어떻게 볼지 신경 쓸 일이 적어지면서, 내가 진짜 원하는 게 뭔지에 더 집중할 수 있게 됐다. 그 삶이 무척 좋고 만족스럽다.

내가 대학생이었을 때는 젊은 여자들이 밖에서 담배를 피우면 길거리를 다니는 아무 남자에게나 뺨을 맞았다. 그래서 모두들 뒷골목 쓰레기통 옆에서 남의 눈에 띄지 않게 담배를 피웠다. 그런데 할머니 한 분이 대로에서 당당히 담배를 꺼내 피웠다. 길 가는 사람들 중 누구도 그 할머니에게 관심을 두지 않았다. 어린 우리들은 그런 할머니를 보며 늙는다는 건 서글프다고 생각했다.

그런데 나이가 들어보니 알 것 같다. 적어도 여성성이라는 게 누구의 관점에서 정의되고 그 요소들을 누가 결정하는지를, 우리의 뺨을 때리고 지나가던 아무 남자에게나 그런 권위가 있었다는 사실을 말이다. 나는 그렇게 바깥에서 규정한 여성성을 잃어가고 사회와 사람들로부터 비가시화되면서 점차 여자에서 인간이 되고 있다고 느낀다. 나에겐 젊음이 특권이자 가능성이 아니라 어떤 측면에서는 족쇄였다.

나는 내가 집안일을 좋아하지 않으며 유능하지 않다는 사실이 요즘은 별로 부끄럽지 않다. 먹는 것을 좋아하지 않는 만큼 요리에 관심이 없고 요리를 썩 잘하지 못한다는 사실도 솔직히 인정한다. 살림에 유능해지기 위해 들인 노력과 시간을 내가 더 좋아하고 잘할 수 있는 일에 쓸 수 있었으면 좋았을 텐데 생각한다. 하지만 그런 시간들조차 나를 나답게 만드는 데 일조했다. 아니, 그러는 것이 나다운 것이었다고 순순히 인정하게 되었다.

물론 결혼을 하거나 아이를 낳지 않고도, 나이가 이렇게 들지 않고도, 그런 것들을 깨달을 수 있는 세상이라면 더 좋았겠다. 하지만 그것도 내가 산 세계의 한계였다. 엄마의 세상에서 내가 사는 세상은 그래도 이만큼 커졌다. 앞으로 우리 딸들은 여성들에게 선택의 가능성이 더 커진, 더 넓어진, 더 나아진 세상을 만들어 살아갈 것이다.

무엇보다 아이들 양육에서 어느 정도 졸업한 것이 참 좋다. 아이 둘 모두 고등학교를 졸업했으니 아이들이 어떤 결정을 하든 어떤 길을 가든 엄마 탓이 줄어 죄책감을 덜 느낀다. 한국을 떠난 것도 한몫했다. 여기선 18세가 넘은 아이들의 모든 생활은 부모 접근 금지다. 아이들 병원 기록조차 부모가 마음대로 볼 수 없다. 성적표도 사생활이다. 등록금은 부모가 내는 데도! 아이가 길에서 주운 것 같은 옷을 입고 다녀도 아무도 엄마 탓을 하지 않는다.

아이들 식성, 성취, 생활습관 하나하나를 두고 잘못된 양육의 책임을 묻는 것으로부터 해방됐다. 마음이 가볍다. 양육자인 내 영향력이 컸을 때는 아이들도 괴로워했다. 먹고 싶은 라면을 못 먹게 해서, 좋아하는 컴퓨터 게임을 못 하게 해서, 하기 싫은 공부나 책 읽기를 하라고 해서, 예의를 강요하고 공공장소에서 못 뛰게 해서, 박물관과 미술관에 데려가고 뮤지컬과 연극을 보러 데려가서. 그걸 명령하고 실행하는 게 모두 엄마여서 그 모든 게 엄마를 미워할 이유였다.

저항할 힘이 없었던 아이들은 마지못해 나를 따랐겠지만 후유증도 컸다. 아이들은 이제 더 이상 엄마가 모든 것을 다 가진 절대자가 아니라는 사실을 안다. 불완전하고 결함과 약점이 많은 한 인간으로 엄마를 재인식하면서 아이들도 나도 서로 편해졌다. 아이들은 이제 모든 장소와 인물과 사건을 '그거', '저기'라는 단어로밖에 설명할 줄 모르는 엄마의 건망증을 악의 없이 놀린다. 그러면서도 자기 기억에는 없는 어릴 때 이야기를 들려주면 즐거워한다. 자신들이 기억할 수 없는 시간에 엄마에게 관심과 사랑을 듬뿍 받았다는 사실에 기뻐한다.

그나마 나는 운이 좋다. 아이들이 건강하지 않았다면, 아마도 돌봄은 죽을 때까지 지속되었을 것이다. 간혹 장애를 가진 아이를 둔 엄마가 "이 아이보다 딱 하루만 더 살고 싶어요" 하고 눈물 짓는 것을 보면서 '아, 엄마의 절대 사랑'이라고 감동의 눈물을 흘리는 이들을 보면 화가 난다. 보살핌과 돌봄은 그 대상이 사라질 때까지 어째서 엄마만의 것이어야 하는가? 왜 어떤 사람들은 보살핌과 돌봄 안에 소외되고 고립된 채 황폐하게 살아야 하는가?

장애가 없어도 우리는 누구나 스스로를 돌볼 수 없는 아이 시기를 거쳐 누군가의 도움이 꼭 필요한 노년을 향해 간다. 모든 인간에게 어느 시기에든 반드시 보살핌이 필요하다면, 그건 모든 인간과 그들이 살아가는 사회의 문제지 여성, 엄마와 딸의 책임이 아니다. 나는 엄마들이 홀로 짊어져야 했던 그 보살핌의 의무가 결국 자식들을 지배하는 독선적인 권력을 만들었다고 생각한다. 그리고 엄마가 그 권력을 더 오래 휘두를 수 있는 대상은 딸들이었다.

나를 이룬 것들 가운데 어떤 것이 본래 타고난 나인지, 어떤 것이 만들어진 것인지 잘 모르겠다. 내가 여자, 딸로 태어나지 않았다면 어떤 인간으로 자랐을지도 알 수 없다. 하지만 여성으로 태어나서 자라는 과정에서 얻은 모든 것을, 설사 그것이 고통스럽고 불합리한 것이었다 해도 그 모든 것을 사랑한다. 그 가운데서도 여자로 태어났기 때문에 겪을 수밖에 없었던 모든 경험을 단 하나도 잊어버리고 싶지 않다. 여성 보편의 경험이라는 것이 내 몸에도 새겨졌다면, 그 때문에 나는 여성이 되었고 여성의 관점으로 세상을 보게 되었을 테니까.

아주 오래전부터 글을 아는 여자들은 자신의 이야기를 했다. 기원전 2세기 북아프리카의 귀족 가문 여인 비비아 페르페투아Vibia Perpetua는 기독교 신앙을 지키기 위해 로마 황제를 기리는 이교도 행사를 거부했다는 이유로 처형되었다. 그는 수감되어 처형되기 전날까지 감옥에서 일기를 썼고 그 기록은 지금까지 남아 전해진다. 물론 페르페투아가 여성 '순교자'였기 때문에 기록이 남을 수 있었다. 그리고 그 때문에 왜곡되기도 했다. 아이를 낳은 지 얼마 되지 않아 수감된 그는 아이에 대한 걱정과 그리움을 많이 썼는데 기독교 성자로 추앙되면서 신앙을 지키기 위한 불굴의 여전사로 기록되었다.

여성들은 어느 시대에나 자신의 생각과 경험을 글로 남기고도 늘 홀대받거나 왜곡되었다. 사소하다, 감정적이고 감상적이다, 지나치게 사적이라는 평가를 받았다. 한때 나도 그런 평가에 동조하며 그렇지 않은 글을 써야 한다고 생각했다. 그래야만 세상으로부터 인정받을 수 있었다.

그런데 무엇에 비해 사소하다는 것일까? 개인이 사회적 존재라면 그게 여자든 남자든 자신의 경험을 이야기하는 것이 어떻게 사적이기만 할까? 엄마와 딸의 이야기를 쓰고 싶다고 생각했을 때, 사적인 이야기를 어디까지 해야 하나 고민이 많았다. 사소한 비극을 과장하고 징징거리는 건 아닐까 걱정했다. 최대한 솔직하게 쓰려고 했다. 내가 가진 좋은 것과 나쁜 것들 모두가 결국 내 삶이 빚은 것이니까.

엄마는 여전히 내 전화를 기다리고 예전처럼 엄마 말을 무조건 수긍하며 엄마를 돕던 착한 딸을 그리워할지도 모른다. 그래서 그러지 않은 내가 엄마를 여전히 아프게 하고 있을지도 모른다.

다시 태어나면 엄마의 엄마로 태어나고 싶다. 내가 엄마의 엄마가 된다면, 엄마에게 내가 받지 못했지만 받고 싶었던 것을 주고 싶다. 착한 딸이 되지 않아도 존재 자체로 사랑받는 것, 자기가 알고 있는 세상보다 더 큰 세상을 믿게 해주는 것, 무엇보다 자기 자신으로 살아갈 기회를 주는 것. 엄마의 인생을 가엾어하면서 좋은 옷, 명품, 호사스러운 여행 같은 오락거리로 보상해주기보다 엄마가 누군가의 엄마나 아내보다는 자기 자신으로 살아갈 수 있는 기회를 주고 싶다. 그러나 엄마가 내 딸이 된다면, 엄마는 내가 주지 못하는 것을 아쉬워할 것이다. 엄마와 딸은 그런 사이다.

요즘 나는 엄마가 나에게 남긴 것들에 대해 자주 생각한다. 도저히 못할 것 같은 어려운 일이 닥치면 언덕 위 집까지 물지게를 져 나르던 조그만 엄마의 씩씩함을 생각한다. 초라한 살림살이지만 윤이 나게 닦고 아껴 쓰던 엄마를 생각하며 집안을 정돈하곤 한다.

반복적으로 다치고 상처 입었으면서도 스스로를 망가뜨리지는 않았던 단단함에 대해서, 작고 약한 것들에게 보이곤 했던 연민과 요행을 바라지 않았던 일상의 정직과 성실, 지질한 일상과 너저분한 환경 속에서도 끝내 작은 아름다움을 찾아내고야 마는 밝은 눈에 대해서도 생각한다.

닮고 싶었지만 못 닮은 엄마의 다른 좋은 점과 갖기 싫었지만 엄마의 일부였기에 가질 수밖에 없었던 결함들에 대해서도 생각한다. 엄마의 어떤 특징들이 이상적 모성 혹은 좋은 엄마 혹은 아내, 딸이라는 이름 아래서 마모되거나 변형되지 않고 영영 사라지지 않고, 드러나게든 그렇지 않게든 내게 이어졌으리라 생각하면 애틋한 마음이 든다.

내가 부르는 '엄마'라는 말에는 그 모든 것이 들어 있다. 그리고 내가 엄마라고 부르는 그 사람은 단지 생물학적으로 내게 생명을 준 '엄마'만이 아니다. 우리에게 '말'을 물려준 그 엄마들. 나는 그들 모두가 나의 엄마라고 생각한다. 때로는 지탄받고 때로는 무시당하고 때로는 미움을 한 몸에 받다가 몇몇은 미치거나 죽어버린 숱한 선배들, 그들을 일일이 호명하고 싶지만 그러다간 이 책이 끝나지 않을 것 같으니 생략한다. 그럼에도 부족하다. 아직 더 많은 이야기가 듣고 싶다.

처음에 엄마와 딸 이야기를 쓰고 싶다고 생각했을 때, 나는 슬픔과 분노로 가득 차 있었다. 하지만 엄마에 대해 사랑과 함께 증오가 존재할 수 있다는 것, 생물학적 엄마뿐 아니라 내게 젖을 준 모든 대리 엄마들에 대해서도 마찬가지라는 걸 이해할 수 있게 됐다. 우리가 자라는 데는 신뢰와 사랑도 필요하지만 때로는 모순을 깨닫고 틀을 깰 용기도 필요하다. 엄마를 더 이상 '엄마' 안에 가두지 않기 위해.

나의 가련한 지배자

1판 1쇄 발행 2020년 12월 21일

지은이 이현주
펴낸이 이정규
펴낸곳 코난북스
등록 제2013-000275호
전화 070-7620-0369
팩스 0505-330-1020
이메일 conanpress@gmail.com
홈페이지 conanbooks.com

ISBN 979-11-88605-16-3 03300